Olympic

決定版

これがオリンピックだ

オリンピズムがわかる100の真実

首都大学東京特任教授
舛本直文

講談社

— Olympism = Peace

右上／古代オリンピア遺跡《いせき》のヘラ神殿《しんでん》前で太陽の光から採火した聖火《せいか》、上／オリンピック旗（2012 ロンドン大会）、下／開会式の平和の象徴《しょうちょう》ハトの舞《まい》（2014 ソチ冬季大会）

オリンピズム＝平和－

Olympiad

（卓越　Excellence）

上／４連覇《れんぱ》をはたしたレスリング女子の伊調馨《いちょうかおり》、左／体《たい》操《そう》男子団体金メダルの白井健三《しらいけんぞう》、下／陸上男子４×100mリレー銀メダルの日本チーム、左上／バドミントン女子ダブルス金メダルの髙橋礼華《たかはしあやか》・松友美佐紀《まつともみさき》、左奥／競泳男子400m個人メドレー金メダルの萩野公介《はぎのこうすけ》、左下／柔道《じゅうどう》男子73kg級金メダルの大野将平《おおのしょうへい》（すべて2016リオ大会）

オリンピック大会

上／スノーボード男子ハーフパイプで銀メダルの平野歩夢《ひらのあゆむ》、右／フィギュアスケート男子シングル連覇《れんぱ》の羽生結弦《はにゅうゆづる》、下／スピードスケートで金・銀メダルを獲《かく》得《とく》した髙木美帆《たかぎみほ》（すべて 2018 平昌《ピョンチャン》冬季大会）

オリンピック冬季大会――
Olympic Winter Games
（卓越　Excellence）

パラリンピック——Paralympi Games

（卓越　Excellence）

上／自転車男子個人ロードタイムトライアルで銀メダルの藤田征樹《ふじたまさき》（2016リオ大会）、右上／陸上男子走り幅跳《はばと》びなどで銀・銅メダルを獲得《かくとく》した山本篤《やまもとあつし》（2016リオ大会）、下／アルペンスキーで金１・銀２・銅２個のメダルを獲得した村岡桃佳《むらおかももか》（2018平昌《ピョンチャン》冬季大会）、右下／クロスカントリースキーで金１・銀１個を獲得した新田佳浩《にったよしひろ》（2018平昌冬季大会）

左／スピードスケート女子500mではげましあい友情をはぐくんだ小《こ》平《だいら》奈《な》緒《お》と李《イ》相花《サンファ》（2018平昌《ピョンチャン》冬季大会）、右下／ほんのわずかな差で勝った内村《うちむら》航平《こうへい》とこの後の記者会見で内村にリスペクトの気持ちを表したウクライナのオレグ・ベルニャエフ（2016リオ大会）、左下／スイス・ローザンヌのオリンピックミュージアムにある2012年ロンドン大会の選手村に設置《せっち》された5本の「オリンピック休戦賛同の壁《かべ》」。

友情—Friendship

（尊敬 Respect）

はじめに

オリンピックはいったい何のために開催《かいさい》されるのか、みなさんは考えたことがあるだろうか?

4年に一度、世界一を決めるための世界最高のスポーツ大会? オリンピックを開催する国がお国じまんをするため? 開催する都市がお金をもうけて経済的《けいざいてき》に発展《はってん》するため?

また、「平和の祭典」とよばれるけれど、いったいどうして? さらに、「文化の祭典」ともよばれるけれど、それはなぜなのだろうか?

みなさんがこのような疑問《ぎもん》に答えるためには、いろいろな本で調べる必要があるだろう。世の中にはたくさんのオリンピックの本があるけれど、なかなかこのような疑問に答えてくれる本は多くない。

この本の目的は、オリンピックの基本となる「オリンピズム」という大切な考え方をみなさんにしっかり理解してもらうこと。この「オリンピズム」は、ピエール・ド・クーベルタンが考えたオリンピックを開催するための根本的な思想なのだ。クーベルタンは、スポーツだけではなく文化・芸術もたしなんで、バランスのとれた人間に成長してほしいと願った。そのような調和のとれた若者《わかもの》たちが、４年に一度世界中から集まり、選手村で一緒《いっしょ》にすごしながらおたがいの文化を理解しあい、フェアプレーで全力をつくして競技することによって、友情をはぐくんでほしいと願ったのである。そうすれば、きっと平和な世界が訪《おとず》れると考えたのである。このような、スポーツと文化・芸術による教育と、たがいに理解しあうことによって平和な世界を実現しようという考えを「オリンピズム」という。

この「オリンピズム」という根本的な考えにもとづいて、国際オリンピック委員会（ＩＯＣ）は世界各国のオリンピック委員会（ＮＯＣ）と協力しながら、さまざまな教育運動や平和運動をすすめている。これを「オリンピック・ムーブメント」という。そのなかには、フェアプレーの推進《すいしん》、反ドーピング、男女平等、差別撤廃《てっぱい》、環境《かんきょう》保護など多くの活動がふくまれている。４年ごとにオリンピックを開催することもその一つだが、このオリンピックはさまざまなムーブメントをすすめる最高のチャンスでもある。４年に一度、世界中から最高の選手たちが集まってくる。世界中の人々も注目する。選手の活躍《かつやく》は地元のほこり、子どもたちにも大きな夢をあたえる。オリンピックには、まさに社会を変える大きな力があるのである。

こんな名シーンが語りつがれている。2018年2月、韓国《かんこく》で開かれた平昌《ピョンチャン》冬季オリンピック大会。そこでは、スピードスケート女子500メートルの競技で、日本の小平奈緒《こだいらなお》選手と韓国の李相花《イサンファ》選手の国をこえた友情と、たがいをリスペクトして全力をつくして戦った美しいシーンが生まれた。先に滑《すべ》った小平選手が、すばらしい記録を出した。優勝《ゆうしょう》が期待され会場は大歓声《だいかんせい》につつまれた。そのとき小平選手は、あとから滑る地元韓国の期待をになう李選手のために、口に人差し指を当てて会場の観客に静かにするようにお願いしたのである。しかし、李選手の記録は小平選手にはおよばず2位だった。ウィニングランで両国の国旗を背にした2人は、肩を抱《いだ》きあい、小平選手は「チャレッソヨ（よくやったね）、あなたをまだ尊敬《そんけい》しています」と韓国語で李選手に語りかけたのである。全力をつくして戦った李選手は泣きながら抱きあって小平選手との友情を確かめあった。このような平和と友好のシーンがオリンピックでたくさん見られることを望みたい。これがまさに「オリンピズム」をうまくあらわしているからである。

さあ、みなさん、「オリンピズムの伝道師《でんどうし》」がおくる100の真実を手がかりに、「オリンピズム」を理解する旅に出発しよう。

舛本直文《ますもとなおふみ》

目次

第2部　平和とオリンピック

第3部　オリンピック・トリビア

第5部 日本のオリンピックと未来

第1部
オリンピックの歴史

1 いつ、なぜ、始まった?

競技祭はどうして約1200年も続いたのだろう?

紀元2世紀の旅行家、パウサニアスが残したもっとも古い記録には、「古代オリンピアの祭典競技は紀元前776年に開催《かいさい》された」と書いてある。

古代ギリシャでは、当時、信仰《しんこう》の対象だったオリンピアの聖地《せいち》をめぐり、エリスとピサという2つのポリス(都市国家)が戦争をくり返していた。だが、エリスの王イフィトスが、デルフィのアポロン神殿《しんでん》で「戦争を一時中断してオリンピアの競技を復活し、最高の神ゼウスにささげなさい」というお告げを受けたことから、エリスとピサは休戦協定を結び、競技祭をおこなった。最初の実施《じっし》競技は、約192メートルの直線を走るスタディオン走だけで、エリスのコロイボスが優勝《ゆうしょう》したと伝えられている。

このような、戦争をも休止して神ゼウスにオリンピックの競技をささげる制度を古代ギリシャの人々は「エケケイリア(聖《せい》なる休戦)」とよび、大切にまもった(62ページ参照)。最初は1ヵ月間だった休戦期間は、オリンピアの祭典がさかんになると、3ヵ月間にのびた。つねにどこかで戦争がおきていた古代ギリシャでも、この期間だけは競技者や見物人などが安全に旅をして、オリンピアと自分のポリスを行き来することができるようになったのである。

こうして古代オリンピックは、最高の神ゼウスにささげる祭典競技として、ギリシャで発展《はってん》していった。こ

古代オリンピックを想像してえがかれた絵。

の祭典競技に参加できるのは、ギリシャの市民だけ。つまり、古代オリンピックに出場することは、ギリシャ人であることのあかしだった。彼らはギリシャ人としての誇《ほこ》りを確認するためにも、古代オリンピックを重要な祭典と考えたのである。

オリンピアの祭典の開催をギリシャ全土の人々に知らせたのは、「スポンドフォロイ」とよばれる休戦の使者（伝令）だ。開催の10ヵ月前にスポンドフォロイが「エケケイリア」を告げて回ると、それ以降《いこう》、この制度をやぶって戦争をおこなったポリスの人々は祭典競技への参加資格をうばわれた。

選手として、また見物人としてギリシャ全土からオリンピアに集まる人々のなかには、多くの学者や芸術家、商人たちもいた。こうして、オリンピアは古代ギリシャの学問・文化と商業の中心地にもなっていった。

じつは、古代オリンピックが紀元前776年よりももっと前から開催されていたという説もある。たとえば、ギリシャ神話でさまざまな怪物《かいぶつ》を退治するなど12の偉《い》業《ぎょう》をなしとげた勇者、ヘラクレスをたたえて始まったというもの。強い体をもち、どんな武器をも使いこなしたヘラクレスへのあこがれが、その説が生まれた理由であろう。

2

なぜ、男性たちだけの大会だったのか？

女性の参加がゆるされなかった理由。

古代オリンピックでは、女性は競技に出ることも、競技を観戦することもゆるされていなかった。その理由は、当時の社会のありかたにあった。

古代ギリシャでは、政治や戦争はもっぱら「自由市民」という身分の高い男たちによっておこなわれていた。彼らはみずからを神話の英雄《えいゆう》ヘレンの子孫「ヘレネス（ギリシャの大地、ヘラスに住む人）」とよび、自分たちと「バルバロイ（異邦人《いほうじん》）」を区別していたのである。

ヘレネスは自分の身体を運動競技できたえ、理想の身体を手に入れようとしていた。それが神にささげるための人間の美徳（アレテー）のひとつとされていたからだ。古代ギリシャの詩人ホメロスの詩には、英雄の葬式《そうしき》では競技をささげて死者の霊《れい》をとむらい、競技の賞品として青銅器、銀製の器、奴隷《どれい》の女性などがあたえられていたと書かれている。競技をすることは、身分の高い男たちの義務でもあったのだ。古代オリンピックでは、戦士としての力をきそうために、戦争で使う盾《たて》をもち、武具を身につけて走る武装《ぶそう》競走もおこなわれていた。

古代オリンピックに女性の参加がゆるされなかったのは、この祭典がギリシャ最高の神ゼウスにささげる宗教的儀式《しゅうきょうてきぎしき》であったためともいわれている。そんな大会に、禁をやぶって参加しようとした女性がいた。それは、ボクシングの優勝者《ゆうしょうしゃ》であり、さらに格闘技《かくとうぎ》の優勝者2人を息子にもつディアゴラスという英雄の娘《むすめ》、カリパティラ。彼女は男性コーチになりすまして競技場に入ろうとし、つかまったのである。それまで、選手以外は服を身につけることがゆるされていたが、この事件の後は、コーチもはだかになることが義務づけられることとなった。

このようにきびしく女性の出入りが禁止された古代オリンピックだったが、ひとりだけ、観戦をゆるされる女性がいた。豊穣《ほうじょう》と大地の神デーメーテールの神殿《しんでん》の巫女《みこ》だ。なぜなら、オリンピアの祭典競技は豊作を願い、感謝する祭典でもあったからである。巫女が観戦に使った石製のいすは、今でもオリンピアのスタジアムに残されている。

また、戦車競走に使われる戦車の持ち主としてならば、女性も参加がみとめられた。古代オリンピックの女性初の優勝者は、スパルタ王の娘キュニスカであった。

この時代、男性だけの古代オリンピックとは別に、女性だけのための大会も開催《かいさい》されていた。この大会は「ヘラ祭」とよばれる、ゼウスの正妻である女神ヘラにささげるための祭典であった。出場者は未婚《みこん》の女性のみで、3クラスに分かれてスタディオン走をおこなった。その距離《きょり》は、男性のスタディオン走の約6分の5であった。

古代のレスリングがえがかれた紀元前510年ごろの大理石のレリーフ。

3

どんな競技がおこなわれていた？

だんだんふえていった競技種目と大会日程。

はじめはスタディオン走だけがおこなわれていた古代オリンピックだったが、回数をかさねるにつれ、競技の数が増えていった。

紀元前７２４年には、スタジアムを1往復（2スタディオン＝約３８４メートル）するディアウロス走が始まり、4年後にはスタジアムを約10往復するドリコス走も始まった。その後、5種競技（スタディオン走、幅《はば》跳《と》び、円盤《えんばん》投《な》げ、やり投げ、レスリング）、レスリング、ボクシングもくわわった。ボクシングでは、選手は相手にダメージをあたえるよう、動物のかたい革《かわ》を手に巻《ま》いて戦った。

4頭立ての馬車に1人の御者《ぎょしゃ》が乗っておこなう戦車競走は、紀元前６８０年に始まった。目つぶしとかみつき以外ならどんな攻撃《こうげき》をしてもよい格闘技《かくとうぎ》、パンクラチオンもこのころはじまっている。紀元前６３２年には、スタディオン走とレスリングをおこなう少年の部もはじまった。紀元前５２０年には武装《ぶそう》競走がはじまった。ちなみに戦車競走と武装競走以外ははだかで競技をしている。

大会の進行を順に紹介しよう。大会10ヵ月前にスポンドフォロイが旅立つと、オリンピック休戦に入ると同時に「ヘラノディカイ」とよばれる審判団《しんぱんだん》の合宿が始まった。この審判はギリシャの有力ポリス、エリスの市民から抽選《ちゅうせん》で選ばれた10人がつとめた。審判は、前回大会の審判からきびしい研修を受けた。大会1ヵ月前になると、その合宿に選手たちがくわわり、選手の参加資格の認定《にんてい》とともに、選手と審判の全員でルールの統一をはかった。ルール違反《いはん》をした選手はつえでたたかれ、八百長《やおちょう》をした者は、自分の名をきざんだゼウス神の像をつくって競技場の入り口にかざらなければならないという罰則《ばっそく》があった。

古代の壺《つぼ》に走るようすがえがかれている。

大会の前日には、オリンピアに向かう40キロメートルの道のりを選手、審判、コーチ、親族、友人など男性1000人あまりが歩く聖道行進《せいどうこうしん》がおこなわれた。見物人を合わせた数は、数千人にのぼったといわれている。

そして、競技本番。初日には、少年の部の競技、触《ふ》れ役《やく》、ラッパ手の競技がおこなわれた。触れ役とは、競技の実施《じっし》を告げ選手の名前を大声でよぶ役目のこと。ラッパ手は、競技の実施を伝えるファンファーレの技術をきそい、勝った者がその役目についた。2日目には、戦車競走と、はだか馬でおこなう競馬が午前中に、5種競技が午後に実施された。3日目には、多数の牛を絶対神ゼウスにささげる大犠牲祭《だいぎせいさい》がおこなわれ、4日目は午前に格闘技（レスリング、ボクシング、パンクラチオン）、午後に3種のスタディオン走。5日目には、勝者にオリーブの冠《かんむり》をあたえる表彰式《ひょうしょうしき》がおこなわれ、夜の大宴会《だいえんかい》で大会がしめくくられた。

4

勝つともらえたものは？

オリンピックの勝者がもらえるものは、名誉《めいよ》だけではなかった。

現代のオリンピックでは優勝者《ゆうしょうしゃ》に金メダルがあたえられるが、古代オリンピックで優勝者が表彰式《ひょうしょうしき》でもらえたものは、「コチノス」とよばれるオリーブの葉の冠《かんむり》だけだった。また、優勝者の競技名、氏名、出身地がきざまれた石板や自分の像を神殿《しんでん》に奉納《ほうのう》したり、詩人に自分をたたえる詩を作らせたりすることができた。

しかし、実際に優勝者たちが手にしたのはそれだけではない。

彼らに多くのほうびをあたえたのは、出身地のポリスだった。ほうびの内容は、一生ただで食事をすることができる権利《けんり》、戦車で凱旋《がいせん》する名誉《めいよ》、身分の高い人々が使う迎賓館《げいひんかん》を利用する権利、一生分の税金の免除《めんじょ》などで、ポリスによってちがった。それぞれのポリスはきそって魅力的《みりょくてき》なほうびをもうけ、国をこえて強い選手を集めた。これはまさに、国と国とが血を流し合う戦争のかわりとなる代理戦争であった。

「アスリート」の語源《ごげん》はアスレーテス。「アスロン」（賞《しょう》）を求めて競技する人」という意味である。古代のオリンピアンたちは、じつは賞品かせぎだったのだ。

ちなみにほかの地方の祭典競技では、オリーブ以外の葉でできた冠があたえられた。たとえば、デルフィのピュティア祭では月桂樹《げっけいじゅ》の冠が、ネメアでは野生のセロリの冠が、というぐあいである。

勝者の名前がきざまれた石板。

5

どうして終わってしまった？

廃止の理由は暴君のせい？ それとも宗教《しゅうきょう》？

古代オリンピックが広まるにつれ、参加するポリスも増えたが、それとともに八百長《やおちょう》などの不正もはびこっていった。ギリシャがローマ帝国に支配される時代になると、暴君とよばれたネロのように大会を意のままにあやつろうとする皇帝《こうてい》もあらわれた。さらに競技が見世物のようになり、動物と人間を戦わせるような残酷《ざんこく》なものが人気を集めるようになった。このようにして、古代オリンピックは堕落《だらく》していったとされる。

しかし、古代オリンピックがとだえた最大の原因は、宗教《しゅうきょう》にあった。ローマ帝国の皇帝テオドシウス１世が西暦《せいれき》３９２年に、広まりはじめたキリスト教を国の宗教にさだめたのである。キリスト教にとってギリシャの神々は必要なかった。３９４年に発令された異教祭祀《いきょうさいし》禁《きん》止令《しれい》によって、ゼウスにささげるオリンピアの祭典は終わりをつげたのである。

古代オリンピック最後の大会が開催《かいさい》されたのは３９３年。４２６年には、テオドシウス２世が異教神殿《しんでん》破壊《はかい》令を出し、ゼウスの神殿を破壊した。その後、２度の地震《じしん》や川の氾濫《はんらん》などがオリンピアをおそい、古代オリンピックの遺跡《いせき》は６メートルもの土砂に埋《う》もれて忘れ去られた。以来、近世をむかえるまで、だれも古代オリンピックの地を見つけ出すことはなかったのである。

戦車競走で落馬したにもかかわらず優勝《ゆうしょう》した皇帝《こうてい》ネロ。

1 クーベルタンはどんな人？

現在のオリンピックの基礎《きそ》はクーベルタンがつくった。

「近代オリンピックの父」といわれるフランス人、ピエール・ド・クーベルタン男爵《だんしゃく》。国際オリンピック委員会（ＩＯＣ）を設立し、オリンピックを復活させた人物だ。

彼《かれ》が生きた時代、母国フランスはプロイセン（ドイツ）との普仏戦争《ふふつせんそう》に負け、国内も市民戦争によって乱《みだ》れていた。クーベルタンはめぐまれた貴族《きぞく》だったが、苦しむ国民の姿《すがた》を見て、7歳《さい》のころには平和をもとめる心が生まれたといわれている。ピエール少年は成長すると、当時フランスで社会改革《かいかく》運動をしていたフレデリック・ル・プレや、スポーツを通じて平和運動を推進《すいしん》したジュール・シモンらに影響《えいきょう》されて、「スポーツを通じて人間形成をしよう」と考えるようになった。当時は世界平和会議の開催《かいさい》や国際赤十字運動がはじまり、その後にボーイスカウト運動やノーベル平和賞の創設《そうせつ》が続くなど、国際的にも社会運動や平和運動がさかんにおこなわれていた。その流れのなかでクーベルタンも、国ごとではなく、全世界の人々が同じ国民であるという考えをもったとされている。

クーベルタンは１８９４年、パリでＩＯＣを設立し、事務局長の職《しょく》についた。創設者である彼が会長にならなかったのは、「ＩＯＣの会長はオリンピック開催都市の国の人がつとめる」と当時はさだめていたからである。彼は、１８９６年の第1回アテネ大会を男性だけが参加する大会として開催した。古代オリンピックをモデル

ピエール・ド・クーベルタン男爵《だんしゃく》。

としたこと、またこの時代の上流社会では「女性がスポーツをするものではない」という考えが主流だったためだ。「女性の役割は、優勝者《ゆうしょうしゃ》に冠《かんむり》をささげてたたえることである」と彼はのべている。

１８９６年、クーベルタンは１９００年第2回パリ大会のために第2代ＩＯＣ会長となり、第一次世界大戦中をのぞく26年間にわたってＩＯＣ会長でありつづけた。

クーベルタンがのべたといわれる有名な格言に、「オリンピックで重要なことは勝つことよりも参加することである。おなじく、人生で重要なことは勝利することではなく戦うことである。その本質は打ち勝つことではなく、よく戦ったことにある」がある。ただし、この言葉の前半は、ペンシルベニアのエチェルバート・タルボット主教がミサで選手たちに対して語ったものだ（36ページ参照）。また、のちにオリンピックのモットーとなる「より速く・より高く・より強く」は、クーベルタンの友人であるドミニコ会のアンリ・ディドン神父が、自分が校長をつとめる高校のスポーツ大会でのべた言葉である。

2

なぜ、どのようにしてオリンピックが復活した？

クーベルタンの努力と第1回大会がアテネでおこなわれた理由。

ヨーロッパの人々が古代オリンピックの地を発見することができたのは、ゼウス神殿《しんでん》の破壊《はかい》から1000年以上たった1776年のこと。発見したのはイギリス人考古学者チャンドラーだった。これをきっかけに各国の発掘隊《はっくつたい》がギリシャを訪《おとず》れ、1829年にはフランスの発掘隊がゼウスの神殿を発掘。ドイツも、ギリシャ政府と協力して古代オリンピアの遺跡《いせき》を数多く発掘した。この発掘ラッシュによって、人々のオリンピアへのあこがれが強まり、ギリシャブームがわきおこった。そして、ときを同じくしてヨーロッパじゅうで高まっていた国際的な平和運動と、古代オリンピア遺跡への関心とがむすびつき、平和の祭典としてオリンピックを復興《ふっこう》しようという運動がヨーロッパ各地に広まっていったのである。

ロバート・ドーバーによるコッツウォルド（イギリス）のオリンピック大会、ザッパスのアテネオリンピック大会復興運動などさまざまな運動がおこなわれたが、なかでも有名なのが、ウィリアム・ペニー・ブルックス医師の考案で1850年から実施《じっし》されたマッチ・ウェンロックのオリンピック大会（イギリス）であった。

これらの運動をまとめあげたのが、クーベルタンだ。スポーツをもちいたイギリスのエリート教育をえがいた『トム・ブラウンの学校生活』（トマス・ヒューズ著《ちょ》）を読んで感動した彼《かれ》は、当時の国際平和運動とスポーツ教育とをむすびつけ、古代オリンピックの復活を考えたのである。

まず1892年にパリで会議を開催《かいさい》して古代オリンピック復興をとなえたが、賛同をえられなかった。その後、各国をまわってオリンピック復興の賛同者をふやし、1894年にパリ大学ソルボンヌ校でおこなった会議でついにオリンピック復興がみとめられた。クーベルタンはこのとき、デルフィのアポロン神殿の宝物館の壁《かべ》にきざまれていた「アポロンの賛歌」を演奏《えんそう》するなど、ギリシャムードを高めて出席者の心を動かしたのだ。

近代オリンピックは、世界各地の都市の持ち回りで開催されることがきめられた。このほか、競技に参加するのはアマチュア選手のみという規則を、クーベルタンは古代オリンピックをモデルに決定した。

そして、第1回大会の1896年アテネ開催がきまった。これには、第1回大会を1900年にフランス・パリでおこないたいクーベルタンの思いと「1896年にロンドンで開催しよう」という意見がぶつかり、「ロンドンより古代オリンピックにゆかりのあるギリシャの都市がふさわしい」としながらも開催年についてはクーベルタンが歩みよったことで実現したというエピソードがある。

古代オリンピア遺跡《いせき》の競技場入り口の門と筆者。

3

シンボルマークの意味は？

5つの輪にこめられたクーベルタンの思い。

「世界でもっとも有名なブランド」といわれるオリンピックのシンボルマークには、考案者であるクーベルタンの思いがこめられている。5つの輪と5色（オリンピックカラー）はそれぞれ五大陸のつながり＝連帯を意味しているが、どの色がどの大陸をあらわすかは決められていない。補色《ほしょく》どうしである青色と黄色、緑色と赤色をそれぞれ左右に配し、それらの色を混ぜ合わせるとできる黒色を中央におくという配色には、有名な画家を父に持つクーベルタンの芸術的な才能がいかされている。

また、オリンピック旗にしたとき、地の白色を合わせた6色によって、当時の世界のすべての国旗をえがくことができるということもクーベルタンは考えた。輪が5つ連なるデザインは、会長をつとめていたフランスの連合スポーツ団体の、2つの輪がつながったシンボルマークにヒントを得たといわれている。

「このシンボルマークは古代デルフィのアポロン神殿跡《しんでんあと》の石柱からとったもの」との説があるが、これはまったくの誤解《ごかい》だ。それは1936年ベルリン大会の組織委員会事務総長カール・ディーム（54ページ参照）が作らせたものとされ、「ディームの石」とよばれている。

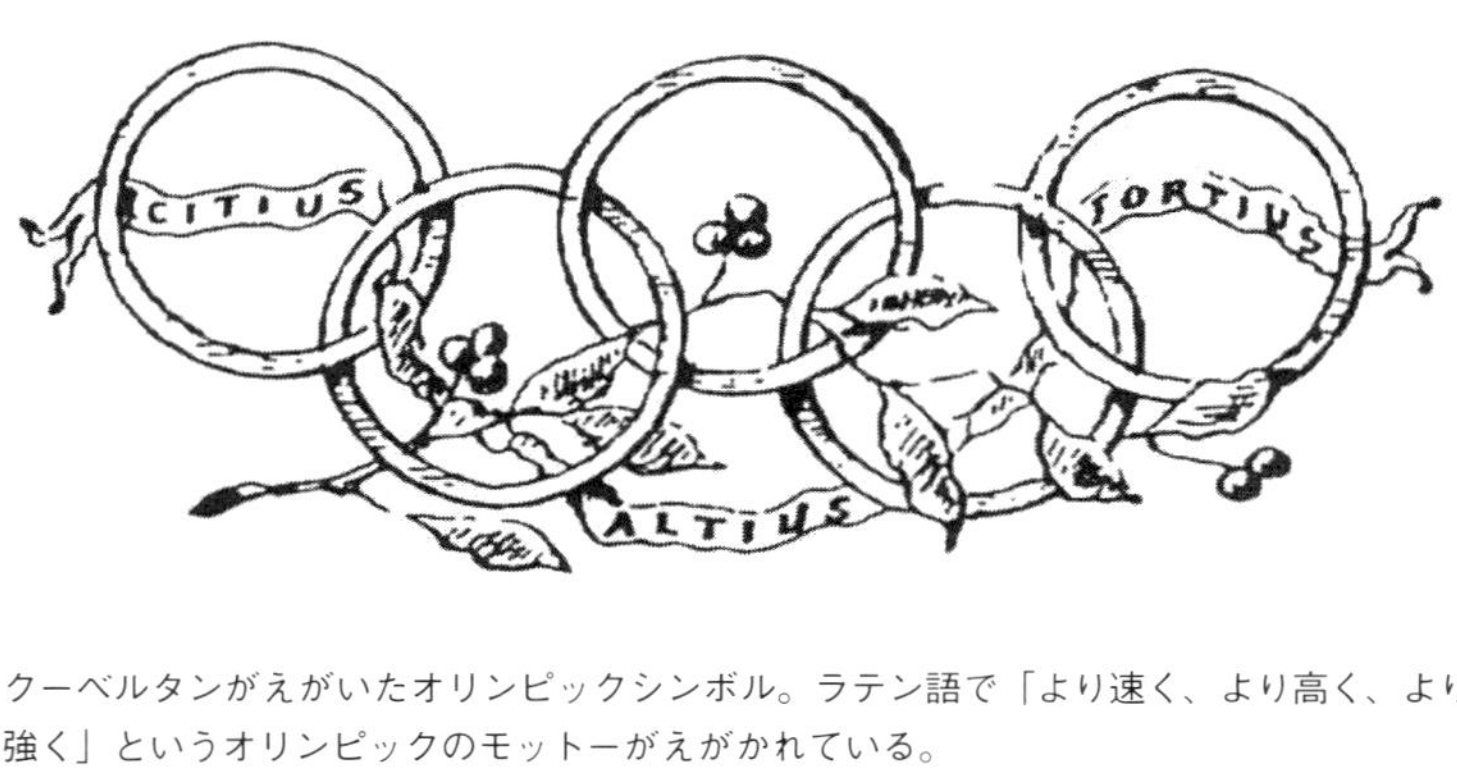

クーベルタンがえがいたオリンピックシンボル。ラテン語で「より速く、より高く、より強く」というオリンピックのモットーがえがかれている。

4 芸術も競技したのはなぜ?

クーベルタンの強い願いで芸術が競技になった。

古代オリンピックでは、ラッパ手のファンファーレやフルートなど、芸術の競技をおこなっていた。古代ギリシャには、演劇《えんげき》や詩で競技会をおこなうなど「アゴーン（なんでも競技する）」という文化があったからだ。さらに、クーベルタンは「スポーツだけではなく、芸術的な素養を身につけた心身のバランスのとれた人」を理想的な人間像と考え、これをギリシャ語で「ユーリトミー」とよんで大切にしていた。このため、彼は古代オリンピックの芸術競技も近代オリンピックで復興《ふっこう》させようとしたのである。

しかし、「芸術競技」が実現したのは1912年ストックホルム大会からであった。この大会では建築、彫《ちょう》刻《こく》、絵画、文学、音楽の5部門が「ミューズ（ギリシャ神話の芸術の神々）の5種競技」とよばれ、競技がおこなわれた。テーマはスポーツにかかわるものとされ、作品は大会期間中に展示《てんじ》・上演、受賞者にはスポーツと同じようにメダルが授与された（114ページ参照）。

クーベルタンは、この芸術競技の文学部門にオーロー&エッシュバッハという偽名《ぎめい》で参加し、『スポーツ賛歌』という作品で金メダルを受賞した。クーベルタンの芸術競技への思い入れがよくわかるエピソードだ。芸術競技はのちに競技ではない「芸術展示」となり、今では「文化プログラム」としておこなわれている。

クーベルタンが書いた金メダル作品『Ode au Sport ＝スポーツ賛歌』の表紙。

5 「オリンピズム」はどんな思想？

スポーツと芸術によってバランスのとれた人間を育て、平和な社会をつくるという考え。

「オリンピズム」とは、スポーツと文化・芸術によって心身ともに調和のとれた若者を育て、平和な国際社会の実現をめざす、教育思想であり平和思想である。

これは、近代オリンピックの開催《かいさい》がきまった１８９４年のパリ会議の閉会式《へいかいしき》で初めてクーベルタンがのべた言葉だが、国際オリンピック委員会（ＩＯＣ）がオリンピック憲章《けんしょう》にこの思想を明記したのは、その後1世紀ちかくが経過した１９９１年であった。今では、オリンピック憲章に次のような言葉でこの思想がしるされている。

「オリンピズムの目的は、人間の尊厳《そんげん》の保持に重きを置く平和な社会の推進《すいしん》を目指すために、人類の調和のとれた発展《はってん》にスポーツを役立てることである」（オリンピズムの根本原則第2項《こう》、２０１７年ＪＯＣ訳《やく》版）

日本では２０１８年になって初めてこの言葉が有名な辞書に掲載《けいさい》されたが、「オリンピック精神：クーベルタンが提唱した理想や原則。オリンピック憲章では、肉体と意志と知性の資質を高めることをめざす、人生哲《てつ》学《がく》であるとする」と、わかりにくい言葉で説明されている。

ＩＯＣは、この「オリンピズム」という考えにしたがって16のオリンピック・ムーブメントをおこなっており、そのうちのひとつが、オリンピック競技大会とされている。ただし、オリンピック競技大会はその注目度の高さから、そのほかの15のムーブメントをおこなうための最大のチャンスであるととらえられている。それ以外におこなっているのは、スポーツ倫理《りんり》を広めること、平和を推進すること、差別をなくすこと、男女平等の推進、アンチドーピング、選手の健康をまもること、スポーツ・フォー・オール（スポーツする権利《けんり》の保障《ほしょう》）、スポーツと選手を政治的・商業的な悪用からまもること、環境《かんきょう》問題にとりくむこと、オリンピック大会によってレガシーをうけつぐこと、スポーツと文化と教育を融合《ゆうごう》させること、国際オリンピック・アカデミー（IOA）やオリンピック教育をすすめる機関をサポートすること、などである。

1994年には、IOC設立100周年を記念するパリ会議で環境問題へのとりくみが決められ、「スポーツ・文化・環境」が「オリンピズムの3本柱」とよばれるようになった。

最近では、IOCが「Excellence, Friendship, Respect 卓越《たくえつ》・友情・尊敬《そんけい》」という3つのキーワードをオリンピックの価値《かち》としてうたっているが、これも「オリンピズム」の考えにもとづいたものである。

オリンピック憲章2017年JOC訳版。

1
第1回オリンピック大会の競技種目は？

はじめてのマラソンではギリシャ人が優勝《ゆうしょう》。たいへんに盛《も》りあがった。

記念すべきオリンピック第１回アテネ大会は、大きな苦難《くなん》をのりこえての開催《かいさい》となった。クーベルタンと、初代ＩＯＣ会長のギリシャ人デメトリウス・ビケラスが協力して準備を進めたが、とちゅうで開催国ギリシャの財政が苦しくなり、資金が足りなくなってしまったのだ。ギリシャの政府もオリンピックどころではなく、協力をことわってきた。

そんな危機《きき》をすくったのが、ギリシャ王室だった。ギリシャの皇太子《こうたいし》たちが、海外で活躍《かつやく》するギリシャ人富《ふ》豪《ごう》たちに手紙で協力をたのみ、それにこたえたアレキサンドリア在住の富豪のヨルギオス・アベロフが巨額《きょがく》の資金を寄付してくれたのである。このようにして、オリンピックの開催が実現した。第１回大会のメインスタジアムであり、２００４年大会でもマラソンやアーチェリーで使われたパナシナイコスタジアムの入り口には、当時の寄付への感謝のしるしとして現在もアベロフの銅像が建てられている。

第１回大会は１８９６年４月６日、14の参加国、２４１人の参加選手を集めておこなわれた。開会式では『オリンピック賛歌』が演奏《えんそう》された。このときの楽譜《がくふ》は大会後になくなってしまったが、１９５８年に東京でＩＯＣ総会がおこなわれる前に発見されている（48ページ参照）。

競技は水泳、陸上、フェンシング、射撃《しゃげき》、自転車、体操《たいそう》（ウエイトリフティングを含む）、テニス、レスリングの8競技、43種目。水泳はプールでなく海（アテネの南のゼア湾《わん》）で、体操を含《ふく》む全競技が屋外で実施《じっし》されるなど、現代のオリンピックとはまったくちがう環境《かんきょう》でおこなわれたものもあった。参加選手はすべて男性で、そのほとんどがギリシャ人だったが、陸上競技ではアメリカが強さをみせた。１００メートル走、４００メートル走で優勝《ゆうしょう》したトーマス・バークはただ1人、当時世界最先端《さいせんたん》の技術だった地面に手をつくスタイルのクラウチングスタートをおこなっている。

この大会のハイライトは、マラソン競技でギリシャのスピリドン・ルイスが先頭を走ってパナシナイコスタジアムに入ってきたシーンである。大歓声《だいかんせい》のなか走るルイスの横を、興奮《こうふん》したギリシャ皇太子と王子が２００メートルにわたってならんで走り、ゴールしたのだ。ルイスと皇太子たちと観衆《かんしゅう》は一体となってよろこびをわかちあった。

10日間にわたった大会は、大成功で幕《まく》をとじた。この成功に気をよくしたギリシャ政府は第2回大会以降《いこう》もアテネで開催するよう要求したが、クーベルタンは、世界各都市持ち回りの開催でオリンピズムを普及《ふきゅう》する方針《ほうしん》をつらぬいた。ただし、ギリシャ政府の要求もことわりきれず、１９０６年には「中間大会」とよばれる大会が開催されている。

この第1回アテネ大会の開会式がおこなわれた4月6日を記念して、２０１３年に「開発と平和のためのスポーツ国際デー」がさだめられた。

左から２人めの選手がトーマス・バーク。

2

綱《つな》引《ひ》きもおこなわれた？

あの名言は、国と国とのいがみ合いから生まれた。

陸上競技のひとつとして、1900年第2回パリ大会から1920年第7回アントワープ大会まで実施《じっし》された綱《つな》引《ひ》き。男女それぞれ、5人制から8人制までさまざまな種目がおこなわれた。

パリ大会の優勝《ゆうしょう》チームはスウェーデン。1904年セントルイス大会では、地元アメリカが優勝している。

1908年ロンドン大会では、この綱引きで大問題がもちあがった。イギリスチームが1、2、3位のメダルを独占《どくせん》したが、これに対してアメリカチームが「イギリスチームのシューズの裏にスパイクがついていた」と言って抗議《こうぎ》した。ほかの陸上競技でもアメリカとイギリスの対立がおこり、問題は競技のわくをこえ、国どうしのいがみあいにまで発展《はってん》したのだ。

1908年ロンドン大会の綱引きで優勝《ゆうしょう》したロンドン市警察《けいさつ》チーム。

これを見かねて、人々をさとしたのが、アメリカチームについて大会に来ていたペンシルベニアのエチェルバート・タルボット主教だった。主教は日曜日のミサで、「オリンピックで重要なことは勝つことではなく、参加することである」と説教をおこなった。これを聞いて感動したクーベルタンが、後のパーティーの席上でこの言葉を引用したことから、この言葉が「クーベルタンの格言」として知られるようになった（27ページ参照）。

綱引きからまきおこった大騒動《だいそうどう》が、現代でも多くの人が知るオリンピックの名言を生んだのだ。

3 マラソンはどうして42・195キロなの？

こまかい数字になったきっかけは、王妃《おうひ》のわがまま？

じつは、古代オリンピックではマラソンが実施《じっし》されていなかった。近代オリンピックを古代ギリシャの故事になぞらえて古代と近代を結びつけようというねらいで、第１回アテネ大会からはじまったのだ。この提案をしたのは、パリ大学のミッシェル・ブレアル教授。マラトンという場所でギリシャ軍がペルシャ軍との戦いに勝利し、ひとりの兵士が報告をしにアテネまで走ったという言い伝えがあり、それを競技に取り入れたのだ。マラトンとアテネの距離《きょり》は約40キロメートルとされ、初期のオリンピックでは大会ごとにまちまちの距離で実施された。

この距離がこまかく決められたのは、１９０８年ロンドン大会がきっかけだった。この大会ではウィンザー城前からホワイトシティまで約26マイル（41・８４３キロメートル）が予定されていたが、アレキサンドラ王《おう》妃《ひ》の「子どもや孫に城の窓《まど》からスタート風景を見せたい」というわがままによって、スタート地点がウィンザー城内の庭に変更《へんこう》され、42・１９５キロメートルの距離となったという説がある。この距離が１９２１年の国際陸上競技連盟《れんめい》の会議で正式な距離とさだめられ、１９２４年パリ大会から現在までつづいている。

ちなみに、のちに国際陸上競技連盟がマラトンとアテネの間の正確な距離をはかったところ、36・75キロメートルしかなかったことがわかった。

第１回アテネ大会のマラソンで優勝《ゆうしょう》したギリシャのスピリドン・ルイス。

4

いつから女子の競技がはじまった？

かつて女子選手は、考えられないような服装《ふくそう》でプレーした。

オリンピックに女子選手が参加したのは、1900年第2回パリ大会が最初だ。この大会で実施《じっし》された女子の競技はテニスやゴルフとされているが、それ以外のクロッケーやヨットなどの競技にも参加していたという説がある。それはパリ大会が万国博覧会《ばんこくはくらんかい》の付属大会として実施され、さまざまな競技がおこなわれていたためである。

参加した女子選手は22名で、テニス女子シングルスとミックスダブルスの2冠《かん》をとったイギリスのシャーロット・クーパーが最初の優勝者《ゆうしょうしゃ》となった。女子シングルス2位はフランスのエレーネ・プロボスト、3位はボヘミア（チェコ）のヘドウィック・ローゼンバウムとアメリカのマリオン・ジョーンズであった。ミックスダブルスの2位・3位は国混合チームで、アメリカとフランスが5位だった。ゴルフでは、1位にマーガレット・アボット、2位にポーリーン・ウィッティアー、3位にダリア・プラットと、すべてアメリカ選手が入った。

当時の女子のスポーツウェアはロングスカートに長袖《ながそで》のブラウス、つばのある帽子《ぼうし》といういでたちで、現代からすると信じられない服装だった。このころは女性が足や腕《うで》などの肌《はだ》を見せることは考えられないことだったため、なるべく肌のかくれる服装でプレーをしたのだ。

1912年ストックホルム大会からは水泳と飛び込みで、1924年パリ大会からはフェンシングで、1928年アムステルダム大会からは陸上競技と体操《たいそう》で、女子種目が実施されている。冬季大会では、1924年第1回シャモニー・モンブラン冬季大会に13人の女子選手が参加したのがはじまり。ただし、じつは冬季競技に女子が参加したのはもっと早く、１９０８年第４回ロンドン大会でフィギュアスケートのシングルとペアの種目に女子が出場している。この大会は会期が10月まであり、後半にフィギュアスケートがおこなわれたのだ。

世界で初めて国際的な女子スポーツ組織がつくられたのは、１９２１年。フランスのアリス・ミリアが国際女子スポーツ連盟《れんめい》（ＦＳＦＩ）を設立し、翌年《よくねん》にフランスのパリで第１回国際女子オリンピック大会が開催された。第２回大会は１９２６年にスウェーデンのヨテボリで開催されたが、ＩＯＣが「オリンピック」という用語の使用禁止を求め協議の結果、「国際女子競技大会」へと名称《めいしょう》が変更《へんこう》された。この大会に、日本からただ１人、選手として人見《ひとみ》絹枝《きぬえ》（75ページ参照）が出場し、個人総合優《ゆう》勝《しょう》をはたしている。国際女子競技大会は１９３４年第４回大会まで続けられたが、１９３６年から国際陸上競技連盟で女子の競技も扱《あつか》うようになり、幕《まく》を閉《と》じた。

1900年パリ大会のテニス女子シングルスで優勝したシャーロット・クーパーのロングスカート姿。

5

日本のお家芸、柔道《じゅうどう》はいつから？

柔道《じゅうどう》は日本のオリンピック金メダル獲得数《かくとくすう》1位。

柔道《じゅうどう》は、アジア初のオリンピックとなった１９６４年東京大会で、初めて正式競技として登場した。初代金メダリストは、軽量級で中谷雄英《なかたにたけひで》、中量級で岡野功《おかのいさお》、重量級で猪熊功《いのくまいさお》、無差別級でアントン・ヘーシンク（オランダ）。日本はお家芸のプライドをかけて全階級制覇《せいは》をねらったが、ヘーシンクに神永昭夫《かみながあきお》が敗れてしまった。

神永対ヘーシンクの決勝では、有名なエピソードがある。ヘーシンクが抑《おさ》え込《こ》みで一本勝ちしたあと、オランダのコーチがよろこんで畳《たたみ》に上がろうとするのをヘーシンクが手で制する姿《すがた》がテレビ画面に映された。「畳の上に土足で上がらない」という日本文化を尊重《そんちょう》し、さらに「最後の礼まできちんとおこなう」という柔道の精神にもとづいたヘーシンクの礼儀《れいぎ》正しさが、日本の人々に感銘《かんめい》をあたえたのだ。彼はオランダ人でありながら、日本柔道の聖地《せいち》、講道館《こうどうかん》で修行をつみ、日本の礼儀や柔道精神を身につけていたのだった。

ヘーシンクは選手引退後《いんたいご》にもオリンピックの柔道に大きな影響《えいきょう》をもたらした。それまで競技に使われる柔道衣は白色のみだったが、ＩＯＣ委員となったヘーシンクの「対戦相手がわかりやすいように柔道衣の色を変えるべき」という提案によって１９９７年、青色の柔道衣をくわえることが決定した。日本柔道界は「白色の柔道着こそが日本柔道の精神をあらわす」と主張し大反対したが、流れをもどすことはできなかった。この決定は２０００年シドニー大会から反映《はんえい》され、白い柔道衣の選手と青い柔道衣の選手が対戦することで、世界からは「選手の区別がしやすくなった」とおおむね好評であった。

女子の柔道が初めて登場したのは１９８８年ソウル大会のエキシビションだった。「女三四郎《おんなさんしろう》」の異名《いみょう》をとった山口香《やまぐちかおり》が、52キロ級の銅メダリストになった。ほかにも佐々木光《ささきひかり》が金、江崎史子《えざきふみこ》が銀、持田典子《もちだのりこ》、田辺陽子《たなべようこ》が銅メダルを獲得《かくとく》している。初めて公式競技となった1992年バルセロナ大会では、48キロ級で田村亮子《たむらりょうこ》が銀、52キロ級で溝口紀子《みぞぐちのりこ》が銀、56キロ級で立野《たての》千代里《ちより》が銅、72キロ級で田辺陽子が銀、72キロ超級で坂上洋子《さかうえようこ》が銅を受賞。残念ながら金メダリストはなく、2000年シドニー大会で田村亮子が金メダルを獲得《かくとく》するまで待たなくてはならなかった。田村(結婚して谷)は2004年アテネ大会でも優《ゆう》勝《しょう》し、2連覇《れんぱ》をはたした。

男子では、1996年アトランタ大会、シドニー大会、アテネ大会で全競技を通じてアジア人初のオリンピック3連覇を達成した60キロ級の野村忠宏《のむらただひろ》がほかを圧倒《あっとう》している。

1964年東京大会柔道《じゅうどう》無差別級金メダルのアントン・ヘーシンク。

1 聖火《せいか》と国旗の掲揚《けいよう》はいつから？

オリンピックを象徴《しょうちょう》する聖火《せいか》は最初からあったわけではない。

オリンピックで初めての〝聖火《せいか》〟は、「オリンピック会場の位置を知らせるため」に、ともされたものだった。１９２８年アムステルダム大会でのことで、高さ46メートルのマラソンタワーという塔《とう》に、夜の間だけ火がともされた。つづく１９３２年ロサンゼルス大会では、スタジアム内に聖火が点灯された。ただし、当時の火はオリンピアで採火《さいか》されておらず、正確には「聖火＝聖なる火」とはいえないかもしれない。現在、聖火は古代オリンピア遺跡《いせき》のヘラ神殿《しんでん》前で採火し、そこからリレーされているが、これは１９３６年ベルリン大会が最初である。

表彰式《ひょうしょうしき》で国旗を掲揚《けいよう》し、国歌を演奏して優勝者《ゆうしょうしゃ》をたたえるようになったのは、１９０８年ロンドン大会から。それまで、選手たちは国の代表としてではなく個人で参加していたのだ。各国選手団が国旗を先頭に入場行進をしたのも、この大会の開会式から。国旗をかかげることで愛国心が高まり、オリンピックへの関心と人気も高まっていった。ただし、最初のうちは、つねに参加国すべての表彰用の国旗が用意されていたわけではなかった。１９２８年アムステルダム大会で三段跳《さんだんと》びの織田幹雄《おだみきお》が日本選手初の金メダルを獲得《かくとく》したときには日の丸が用意されていなかったため、日本選手団が持参した他国の４倍もの大きさの日の丸がかかげられている。

アムステルダム、オリンピックスタジアムのマラソンタワー。

2

選手宣誓はいつから？

最近は宣誓文《せんせいぶん》に反ドーピングの言葉が入るようになった。

オリンピックの開会式で、選手たちが堂々とフェアプレーで戦うことを宣誓《せんせい》する選手宣誓は、1920年アントワープ大会からはじまった。最初の宣誓者は地元ベルギーのフェンシング選手、ビクトル・ボワンだった。1964年東京大会では体操《たいそう》競技の小野喬《おのたかし》が選手宣誓をおこない、1972年札幌《さっぽろ》冬季大会では、スピードスケートの鈴木恵一《すずきけいいち》が選手宣誓をした。1998年長野冬季大会では、ノルディック複合の荻原健司《おぎわらけんじ》がこれをつとめた。最近の宣誓文のなかには、「ドーピングをおこなわずにフェアに戦う」という文言が入るようになっている。

審判団《しんぱんだん》の代表者が「不正やえこひいきをせず、正しく審判する」と宣言する審判団の宣誓は、1972年ミュンヘン大会ではじまった。このとき宣誓をおこなったのは西ドイツの馬術審判、ハインツ・ポレーであった。2012年ロンドン大会からは、指導する立場のコーチにもフェアプレーが必要であるとして、コーチの宣誓がはじまった。最初の宣誓者となったのは、カヌーコーチのエリック・ファレルであった。

選手宣誓がはじまった1920年アントワープ大会では、オリンピック旗のセンターポールへの掲揚《けいよう》も初めておこなわれている。

1920年アントワープ大会で選手宣誓《せんしゅせんせい》をおこなうビクトル・ボワン。

3

開会式でハトを飛ばすのはどうして？

本物のハトを飛ばさなくなったきっかけは、意外な出来事。

オリンピックの開会式で、かならず登場する鳥「ハト」。これは、オリンピックが平和の祭典であるということをしめすために、平和の象徴《しょうちょう》として白いハトを飛ばす慣例があるためだ。

第1回アテネ大会では、開会式ではなくテニスの試合開始前に、ギリシャ国旗の色のリボンをつけたハトが飛ばされた。開会式で初めてハトが登場したのは1920年アントワープ大会で、このときには各参加国の国旗の色のリボンをつけたハトが飛ばされている。つづくパリ大会でも、45ヵ国の国旗の色で飾《かざ》られたハトがメインスタジアムを舞《ま》った。1936年、ナチスが威信《いしん》をかけて開催《かいさい》したベルリン大会では、同じく参加国の色で飾られた2万羽もの伝書鳩《でんしょばと》がはなたれた。このように近代オリンピック初期からしばらくは、国旗の色のリボンをつけてハトを飛ばすのがならわしであった。

このころのオリンピック憲章《けんしょう》では、平和の象徴であるハトを飛ばし、その後に祝砲《しゅくほう》をはなち、最後にオリンピックの聖火《せいか》が点火されるという順番がきめられていた。だが、同憲章の1991年版からは順番が入れかわり、聖火を点火した後にハトを飛ばすことがさだめられた。これには重大な理由がある。

きっかけとなった事件は、1988年ソウル大会の開会式でおこった。この大会の開会式で、飛ばしたハトが聖火台にとまっているところに点火してしまい、生きたハトが数羽焼け死んでしまったのだ。その様子は、テレビ中継《ちゅうけい》を通じて多くの人々が目にすることとなった。この「焼き鳥事件」をうけて、1992年バルセロナ大会以降、開会式では本物のハトを飛ばすことがなくなったのである。

最近では、「生き物でないハトを象徴的に飛ばす」ということになり、さまざまな演出や工夫がなされている。

たとえば、２０１８年平昌《ピョンチャン》冬季大会では写真のように、手にランプをもった大勢の人々が、白いハトが羽ばたく様子をえがき出した。２０１６年リオデジャネイロ大会では、大勢の子どもたちが白いハトの形をした凧《たこ》を飛ばしながら入場した。この凧には、ケニアの子どもたちの手によって平和のメッセージが書き込まれていた。このほか、大きな幕《まく》の上に白いハトの映像をうつしだす方法、ハトの形をした白い風船を飛ばす方法など、各大会でユニークな演出がおこなわれている。今では、どのようなかたちでハトが登場するかが各大会の開会式を見る楽しみのひとつだ。

2018年平昌《ピョンチャン》冬季大会の開会式でえがかれた白いハト。

4

閉《へい》会《かい》式《しき》の入場、「東京方式」とは？

閉会式は整然と、閉会式《へいかいしき》は楽しく仲良く。

戦いを終えた選手たちがわきあいあいと入りまじってオリンピックの成功を祝う、閉会式《へいかいしき》の入場行進は見ていて楽しいものがある。ただしクーベルタンは当初、オリンピックにまつわるさまざまな式典に厳粛《げんしゅく》な空気をもとめたといわれており、そのため閉会式の入場行進も開会式と同様、整然とおこなうのがならわしであった。それが大きく変化したのは、１９５６年メルボルン大会の閉会式である。

この大会がおこなわれたのは、旧ソ連軍《れんぐん》がハンガリーの首都ブダペストに侵攻《しんこう》し、その弾圧《だんあつ》に市民が抵抗《ていこう》したハンガリー動乱をはじめ、世界各地で争いがおこっていた時期であった。この世界情勢がオリンピックの競技にも持ちこまれ、ハンガリーと旧ソ連の水球の試合ではプールの水面下で乱闘《らんとう》がおき、負傷者《ふしょうしゃ》が出る「血の水球事件」がおきた。また、多くのハンガリー選手が旧ソ連の弾圧から逃れるために、メルボルンから帰国せずに亡命《ぼうめい》した。これはオリンピックの、「平和の祭典」としての役割が問われる事態であった。

このようなかおこなわれた閉会式で、ひとつの〝奇跡《きせき》〟がおこった。これまでの大会どおり、選手たちが国ごとに入場するはずが、世界各国の選手団がばらばらにまざりあい、そのうえで仲良く８列をつくって整然と入場行進したのだ。これはまさに、「平和の祭典」にふさわしい光景であった。開会式の直前に、中国系《けい》のジョン・イアン・ウィンという少年が組織委員会のケント・ヒューズ委員長に送った手紙が、そのきっかけだった（７１ページ参照）。

つづく１９６０年ローマ大会では、閉会式の時間配分のために各国の旗手のみが入場したため、このような光景は見られなかったが、１９６４年東京大会ではさらに「メルボルン方式」の進化形ともいえるような入場行進がくりひろげられた。

当初の予定では、プラカードと旗手の行進のあと、各国選手団が整然と入場行進することになっていた。しかしふたを開けると、各国選手団はまざりあい、さらに列をくずした自由な状態で、喜びにわきたちながら入場してきた。旗手団の行進の最後尾にいた日本人旗手、福井誠《ふくいまこと》選手も、外国の選手団にかつぎ上げられてしまった。ただし残念なことに、このすばらしい入場行進に日本選手団はくわわっていないのである。日本選手団は最後尾で待機し、祝祭ムードの仲間入りをしないまま、最後に整然と入場行進したのだった。

国の枠《わく》をこえて選手たちがまざりあう「お祭りの空間」のような入場行進は、以後「東京方式」（カオス的＝まぜこぜ）とよばれて今でもつづけられている。

閉会式《へいかいしき》で外国人選手たちに肩車される日本の旗手、福井誠《ふくいまこと》選手。

5

『オリンピック賛歌』ってなに？

第1回大会で演奏《えんそう》された『賛歌』は東京で復活した。

現在、各大会の開会式と閉会式で必ず演奏《えんそう》され、多くの人に親しまれている『オリンピック賛歌』。だがじつは、この曲が長らく幻《まぼろし》の存在となっていた時代がある。

『オリンピック賛歌』は、第1回アテネ大会の開会式のはじまりに演奏されてムードを高めた、地元ギリシャのスピロ・サマラ作曲、コステス・パラマ作詞《さくし》による楽曲だ。しかし、この曲の楽譜《がくふ》が大会後に行方不明になり、その後の大会の開会式では別の曲、たとえば1936年ベルリン大会では『オリンピア』が演奏されていたのだ。

『オリンピック賛歌』が復活したのは、1958年、東京でのこと。ギリシャから「楽譜が発見された」と連絡が入り、急きょ楽譜はIOC委員で当時日本体育協会会長でもあった東龍太郎《あずまりょうたろう》のもとにとどけられた。NHK交響楽団《こうきょうがくだん》の依頼で、行進曲や応援歌の作曲で有名な古関裕而《こせきゆうじ》がオーケストラ用に編曲した『オリンピック賛歌』は、同年に開催《かいさい》されたIOC東京総会の開会式で演奏され、それを聴《き》いたIOC委員たちを大いに感動させた。またこの曲には、野上彰《のがみあきら》によって勇ましい日本語の歌詞もつけられた。

古関裕而編曲の『オリンピック賛歌』は、1960年スコーバレー冬季大会で演奏され、以後、各大会の開会式や閉会式《へいかいしき》でオリンピック旗をかかげたり下《お》ろしたりするときに演奏されている。

『オリンピック賛歌』の楽譜《がくふ》の表紙。

第2部

平和とオリンピック

1 幻《まぼろし》のオリンピックとは？

戦前に東京でオリンピックがおこなわれていたかもしれない。

1964年に東京でオリンピックが開催《かいさい》されたことは有名だが、じつは、それよりもずっと前に東京で計画され、幻《まぼろし》のまま終わってしまったオリンピックがある。それが1940年東京大会だ。当時、日本の神話上の初代天皇、神武《じんむ》天皇の即位から2600年を記念して東京大会を開催しようという機運が高まっており、アジア初のIOC委員となった嘉納治五郎《かのうじごろう》がそのために力をつくした。日本の招致《しょうち》委員会は、ローマという強力なライバル候補《こうほ》都市を、イタリアの独裁者《どくさいしゃ》ムッソリーニと交渉《こうしょう》して辞退《じたい》させることに成功した。当時日本と同盟《どうめい》関係にあったドイツからの応援《おうえん》も力となり、1936年、ベルリンで開催されたIOC総会で、東京がフィンランドのヘルシンキに36票対27票で勝利して1940年大会の東京開催が決定した。1937年のIOC総会では、同じく1940年第5回冬季大会の開催地を札幌《さっぽろ》とすることもみとめられた。これは当時、夏冬両大会を同じ年に同じ国で開催することができたためである。

東京大会のメインの競技場としては、駒沢《こまざわ》に12万人収容の大きなスタジアムが建設されることになった。現在も使われている埼玉県戸田《とだ》のボート競技場と世田谷《せたがや》区の馬術競技場（馬事公苑《ばじこうえん》）は、そのときにつくられたものである。そのほかポスターやエンブレムも作り、開催に向けて着々と準備が進められたが、その後東京大会は大きな壁《かべ》にぶつかることになる。

１９３７年７月７日、中国でおきた盧溝橋《ろこうきょう》事件をきっかけに、日本と中国の間で戦争がはじまった。戦争が長びくと物資が不足し、競技場建設のための鉄も不足した。さらに、平和の祭典であるオリンピックを戦争中の日本が開催することに対して世界中から批判がおこり、アメリカをはじめ多くの国が大会ボイコットを表明した。

このような逆風のなか、嘉納治五郎は世界のＩＯＣ委員を説得するために各国をまわり、東京開催の意義をうったえた。そのかいあって、１９３８年のカイロのＩＯＣ総会では東京開催がみとめられた。しかし、苦労をかさねた嘉納は日本へ帰る「氷川丸《ひかわまる》」の船上で、肺炎《はいえん》のために帰らぬ人となってしまった。そしてそのわずか２ヵ月後、日本政府は閣議《かくぎ》によってオリンピック大会を返上することを決めたのであった。これが、以後「幻のオリンピック」とよばれる東京大会のてんまつである。

１９４０年の東京大会が返上されたことで、オリンピックは東京と招致をあらそったヘルシンキで開催されることが決まった。しかしこの大会も、第二次世界大戦がはげしくなったために中止となる。札幌に代わってスイスのサンモリッツなども開催地として検討されたが、同様に中止となっている。

1940年「幻《まぼろし》の東京オリンピック」でのポスター公募で１等になったが、神武天皇《じんむてんのう》をえがいたため不採用となった作品。

2

「ナチスのオリンピック」ってなに？

ヒトラーはオリンピックを利用してナチスをアピールした。

1936年ベルリン大会は、「ナチスのオリンピック」という異名《いみょう》でも知られる。ナチスは、第一次世界大戦に敗北し自信をなくしたドイツ国民の支持を得た、アドルフ・ヒトラーひきいる大政党《だいせいとう》である。ナチスは人種政策として、「金髪《きんぱつ》で目の青いアーリア人（ドイツ人）がもっとも優秀《ゆうしゅう》である」という思想のもと、黒人やユダヤ人などを迫害《はくがい》した。当時、多くの黒人が活躍《かつやく》するオリンピックを嫌《きら》っていたヒトラーだったが、宣伝相ヨーゼフ・ゲッベルスの進言によってオリンピックが世界におよぼす影響力《えいきょうりょく》を理解すると、ナチスの力をアピールするために史上最大規模《きぼ》のオリンピックを開催《かいさい》することを決めた。

当然、これに対してヨーロッパを中心に世界中でボイコット運動がまきおこった。アメリカでもユダヤ人が多く住むニューヨーク市を中心に反対運動がおこなわれた。しかし、アベリー・ブランデージを会長とするアメリカオリンピック委員会は大会への参加を決め、ベルリン大会開催が実現したのだった。ヒトラーはナチスの威信《いしん》をかけて、10万人もの観客を収容できるメインスタジアムをつくり、オリンピック史上初となるテレビ中継《ちゅうけい》の準備もととのえた。

こうして、ナチスの政治的な宣伝《せんでん》材料としてベルリン大会が開催された。開会式は、大きな飛行船ヒンデンブルク号が登場したり、2万羽ものハトの大群が飛ばされたりといった、たいへん大がかりなものだった。このはなばなしい式典に賛同したクーベルタンからの録音メッセージも、開会式で流された。さらに、ギリシャの英雄《えいゆう》スピリドン・ルイスがオリーブの小枝をもって登場しヒトラーにささげるというパフォーマンスもおこなわれた。このような大がかりな趣向《しゅこう》は、現在の開会式にも受けつがれている。この大会では、時代を反映《はんえい》して軍服姿で入場行進する選手が多くみられた。

この大会後にヒトラーの援助を受けてつくられた、女性監督《かんとく》レニ・リーフェンシュタールによる『オリンピア』（『民族の祭典』・『美の祭典』の2部作）は、初の長編のオリンピック公式記録映画《えいが》である。この映画は16ヵ国語に翻訳《ほんやく》されて世界で公開され、各国で自国の選手が活躍《かつやく》する姿を見ることができるとして大人気を博した。この作品はヴェネツィア国際映画祭をはじめ、さまざまな賞《しょう》に輝《かがや》いている。しかし、戦後になると、『オリンピア』はヒトラーやナチスを賛美するえがき方であるとして批判《ひはん》の対象となった。

この大会では、女子200メートル平泳ぎで前畑《まえはた》秀子《ひでこ》、三段跳《さんだんと》びで田島直人《たじまなおと》が優勝するなど日本選手が活躍《かつやく》した。マラソン優勝《ゆうしょう》の孫基禎《ソンギジョン》と3位の南昇《ナムスン》竜《ニョン》は韓国人《かんこくじん》だったが、当時韓国は日本が統治していたため、日本選手として走った。表彰式《ひょうしょうしき》では君が代が流れ、日の丸があがった。このとき表彰台でうなだれる孫と南の写真が、日の丸が消された状態で韓国の新聞にのって大問題となった。

10万人の観客を収容したスタジアムにはなたれた2万羽のハト（1936年ベルリン大会）。

3

聖《せい》火《か》リレーが始まったのはいつから？

聖《せい》火《か》リレーのコースはのちのナチス・ドイツの侵《しん》攻《こう》コース。

「古代と現代とをオリンピックの火で結ぶ」という、ロマンチックな考え方ではじめられた聖火《せいか》リレー。古代オリンピア遺跡《いせき》のヘラ神殿前《しんでんまえ》で太陽の光から火をおこし、聖火としてオリンピックのメイン会場まで運ぶ、壮大《そうだい》なイベントだ。だが、初めて実施《じっし》されたのが１９３６年ベルリン大会であると言うと、「何かウラがありそうだ」とピンとくる読者もいるかもしれない。

聖火リレーを発案したのは、ベルリン大会組織委員会事務総長のスポーツ研究者カール・ディーム。ディームは、この聖火リレーには次の４つの意味があるととなえた。

１　古代ギリシャの「たいまつリレー競走」を再現するという歴史的意味
２　国を超えて協力することのすばらしさ
３　トーチ（たいまつ）デザインなどでオリンピックの芸術的な面をアピールすること
４　宗教的《しゅうきょうてき》な意味

である。

ディームは、「アポロンの神託《しんたく》」で有名なデルフィのアポロン神殿跡地《しんでんあとち》を、聖火ランナーを遠回りさせてまでリレーコースにくわえ、古代ギリシャとの結びつきを強めようとしている。彼《かれ》がこのように強引に聖火リレーの意義をとなえたのも、ベルリン大会の威光《いこう》を高めるためだった。これらをナチスが声を高くして宣伝《せんでん》し、自分たちがギリシャ文化の正統な後継者《こうけいしゃ》であると広めようとしたのである。

聖火リレーが戦争に利用されることを恐れたリレーのルートとなる各国は、リレーの実施に反対したが、ナチス・ドイツはこれを強行した。

リレーのために、特殊《とくしゅ》な火薬をもちいたステンレス製のトーチが開発された。これはのちに、戦争のための大砲《たいほう》の開発につながることとなる。

聖火は、ギリシャからブルガリア、ユーゴスラビアとバルカン半島を北上し、ハンガリー、オーストリア、チェコスロバキアを通ってドイツに入り、ベルリンの開会式会場までの３０７５キロメートルを３０７５人のランナーの手によって運ばれた。聖火台への最初の点火者となったのは、陸上選手のフリッツ・シルゲン。11夜12日間のリレーだった。

聖火リレーのルートとなった橋や道路は、事前にナチスの軍隊によって調べ上げられ、実際の聖火リレーの様子もナチスがラジオ放送した。そして、第二次世界大戦がはじまると、ナチスはこのルートを利用してバルカン半島を南下し、各国に侵攻《しんこう》した。結果として聖火リレーのコースが戦争に利用されたといえるだろう。

ベルリン大会の公式記録映画《えいが》『オリンピア』には、空から聖火リレーの様子がくわしく映《うつ》されている。ただ、監督《かんとく》お気に入りの第3走者アナトールがあたかも第1走者であるように映されているように、事実とことなる部分もいくつかえがかれている。

オリンピック史上初の聖火《せいか》最終点火者フリッツ・シルゲン（ドイツ）。

4

幻《まぼろし》の「人民オリンピック」ってなに？

ヒトラーのベルリン大会に反対する国が参加を申しこんだ。

　１９３６年ベルリン大会の開催《かいさい》に対して、欧米ではげしく反対運動がおこなわれたことはすでにのべたが、ヨーロッパでその運動の中心となったのがスペインとフランスだった。スペインのバルセロナでは、ベルリン大会に参加するかわりに、１週間にわたる「バルセロナ人民オリンピック」を開催することが決定された。カタルーニャ自治政府のリュイス・コンパニス首長を中心に委員会がつくられ、開会日をベルリン大会の聖火《せいか》の採火式《さいかしき》前日に設定し、準備がすすめられた。

　参加申しこみは、23ヵ国から６０００人にもおよんだ。ただし、アメリカはベルリン大会への参加をすでに選んでいた。これには、アメリカオリンピック委員会のブランデージ会長が、ナチス宣伝相《せんでんしょう》ゲッベルスに買収されていたからだという説もある。

　開会式では、平和を求めるメッセージをもつ楽曲「鳥の歌」の演奏家《えんそうか》として有名なチェロ奏者のパブロ・カザルスが演奏の指揮《しき》をする予定だった。ところが開会式を翌日《よくじつ》にひかえた７月18日夕方にスペイン国内で内戦がはじまり、この大会は実現しなかった。集まった選手のなかには、バルセロナにとどまり内戦に参加した者もいた。

　この幻《まぼろし》の「バルセロナ人民オリンピック」の夢は、56年後の１９９２年バルセロナ大会で花ひらくことになる。

幻《まぼろし》の「人民オリンピック」のポスター。

5

戦争で中止になったオリンピックがあるの？

第一次・第二次世界大戦の影響《えいきょう》はオリンピックにおよんだ。

「平和のためにオリンピックを」というクーベルタンの理想およばず、残念ながら戦争のために中止になった大会が複数回ある。たとえば、１９１６年に予定されていた第6回ベルリン大会は、１９１４年に第一次世界大戦が勃発《ぼっぱつ》したことによって中止になってしまった。古代ギリシャで大切に守られていた「エケケイリア（聖なる休戦）」の教えがやぶられた、初めての大会であった。当時クーベルタンは、「はやく平和を取りもどしたい」という思いでこの戦争に志願兵として参加しようとした。クーベルタンはまた、オリンピックによって戦争をふせげなかったことを悲しみ、ＩＯＣの本部をパリからスイスのローザンヌへうつした。これは、オリンピックの平和運動は中立国でおこなうほうが効果的だと考えたためだ。

1940年幻《まぼろし》の札幌《さっぽろ》冬季オリンピックのポスター。

第一次世界大戦後には、世界恐慌《きょうこう》、ファシズム（全体主義、権威主義、独裁政治《どくさいせいじ》）の台頭と、世界はますます平和から遠ざかっていくことになる。

これまでの大会で戦争のために中止になったのは、１９１６年ベルリン大会、東京からヘルシンキへと開催都《かいさいと》市《し》が変更《へんこう》された１９４０年大会、１９４４年ロンドン大会の夏季大会3大会と、１９４０年、１９４４年に予定された第5回冬季大会。第5回冬季大会は、１９４８年にサンモリッツでようやく実施《じっし》された。

1 戦後の聖火《せいか》リレーの工夫は？

平和のための聖火《せいか》リレーとして生まれかわった。

第二次世界大戦が1945年に終結し、その3年後に開催《かいさい》されたのが1948年ロンドン大会だった。戦争の被害《ひがい》から立ち直りきっていないロンドンに対し、同じく戦争からの復興《ふっこう》の最中であった世界各国から資材が提供《ていきょう》され、「友情のオリンピック」とよばれることになったこの大会では、平和への思いが前面に打ち出される大会となった。

開催にあたり議論の的となったのが、「聖火《せいか》リレーを実施《じっし》するかどうか」であった。ベルリン大会でナチスに「戦争の道具」として使われた聖火リレーは、平和を願う大会にはふさわしくないという声があがったのだ。しかし、ベルリン大会に神聖《しんせい》で芸術的な雰囲気《ふんいき》をもたらした聖火リレーの感動をおぼえている人も多く、「平和のための聖火リレー」として実施することが決まった。

平和への思いは、第1走者、ギリシャ陸軍のディミトリウス伍長《ごちょう》にたくされた。伍長ははじめ軍服姿で、その手には銃《じゅう》がにぎられていた。しかし聖火を受け取るとき、彼は銃を地面におき、軍服をぬぎすてた。そして、ランニングシャツ姿《すがた》になって走りはじめたのである。聖火はギリシャから海をわたってイタリアに上陸し、スイスのローザンヌにあるクーベルタンの墓もまわってロンドンまで運ばれた。

1948年ロンドン大会、開会式会場に到着《とうちゃく》した聖火《せいか》。

2

選手村はいつからあるの？

冷戦の影響《えいきょう》は選手村にもおよんでいた。

東京・代々木《よよぎ》公園の一角に、木造の古びた白い建物が一棟《いっとう》、ひっそりと建っているのを知っているだろうか？　これは、1964年東京大会のときの選手村宿舎。当時、オランダの選手が利用した建物だ。東京大会では代々木公園のほか、軽井沢《かるいざわ》、大磯《おおいそ》ロングビーチ、八王子《はちおうじ》、相模湖《さがみこ》に選手村の分村が用意された。

選手村は、1924年パリ大会で選手のために小さなコテージが用意されたのがはじまりとされる。1932年ロサンゼルス大会では、初めて選手村とよべるような施設《しせつ》が準備された。ただし、女子選手には、近くのホテルが宿舎《しゅくしゃ》にあてられている。

旧ソ連《れん》などの社会主義圏《けん》（東側）とアメリカなどの自由主義圏（西側）とが対立した東西冷戦の影響《えいきょう》で、選手村が東西に分断された大会もあった。1952年ヘルシンキ大会では、オリンピック初参加の旧ソ連が東側諸国と西側諸国とで選手村を分けるようもとめたため、オタニエミの大学キャンパスに女子選手をふくむ東側陣営《じんえい》7ヵ国1400人収容の選手村が、ケピレに西側陣営61カ国4800人を収容する選手村がつくられた。西側諸国の女子選手たちの選手村は、看護大学《かんごだいがく》内に別に設置された。

選手村はつねに、選手たちが安心して休める場所となるよう、多くの人々の力で支えられているが、冷戦で分村された歴史もあったのだ。

代々木公園に建つ1964年東京大会の選手村宿舎。

3

五大陸をまわった聖火《せいか》リレーがあった？

２００８年におこった混乱《こんらん》が、その後のリレーコースをかえた。

ギリシャのオリンピアから開催《かいさい》都市までの間でおこなわれる聖火《せいか》リレーだが、これまでで2回、世界五大陸すべてをまわる大がかりな聖火リレーが実施《じっし》されたことがある。

そのリレーが最初に実施されたのは、２００４年アテネ大会でのこと。オリンピックのシンボルマークが象《しょう》徴《ちょう》する「五大陸の連帯」を聖火リレーで表現しようという試みで、「国際聖火リレー（グローバルトーチリレー）」とよばれた。これはまた、古代ギリシャ時代に、スポンドフォロイ（休戦の使者）がオリンピックの開催と休戦をギリシャ全土に告げてまわったという役割を、今の世界でおこなうという意味もあった。

アテネ大会の国際聖火リレーのスローガンは、「聖火をつないで世界を結ぶ」。聖火はオリンピアで採火《さいか》されたあと、アテネから専用機ゼウス号でまずはシドニーに向かい、そこから78日間をかけて、1万２１０２人のランナーの手で五大陸27ヵ国34都市をリレーしていった。ランナーには、サッカーのペレ（ブラジル）やジーコ（ブラジル）、陸上のカール・ルイス（アメリカ）、エドウィン・モーゼス（アメリカ）、キャシー・フリーマン（オーストラリア）などの有名選手たちもいた。

アジアでは、東京・ソウル・北京《ペキン》の3都市を聖火ランナーがめぐった。東京のリレーコースは、東京ビッグサイトをスタート地点とし、銀座《ぎんざ》、浅草《あさくさ》、六本木《ろっぽんぎ》などの観光コースをめぐり、都庁前《とちょうまえ》にゴールするというものであった。公式報告書によれば、この国際聖火リレーは世界各地でおおいに歓迎《かんげい》され、大成功をおさめたとされている。

アテネ大会での成功を受けて、つづく２００８年北京大会でも「国際聖火リレー」が実施された。しかし、このリレー中に世界中で大混乱《だいこんらん》がおきてしまった（80ページ参照）ことで、IOCは2009年3月26日の理事会で五大陸をまわる国際聖火リレーに難色《なんしょく》をしめし、「開催国内限定ルートを推奨《すいしょう》する」と決めてしまった。それ以来、オリンピックで国際聖火リレーのように他国をまわるリレーはおこなわれていない。

じつは、世界五大陸をまわるリレーが実施される前に、世界五大陸のランナーが聖火リレーをするという趣向《しゅこう》が実施されたことがある。これは、1992年バルセロナ大会でのこと。このときの聖火リレーには「国際聖火リレー区間」がもうけられ、この区間内を世界五大陸の代表ランナーたちがリレーした。このとき、国際政治の舞台《ぶたい》では反目し合っている中国と台湾《たいわん》の聖火ランナーが聖火を引きつぐという、「オリンピック休戦」をあらわすようなリレー区間も用意されていた。

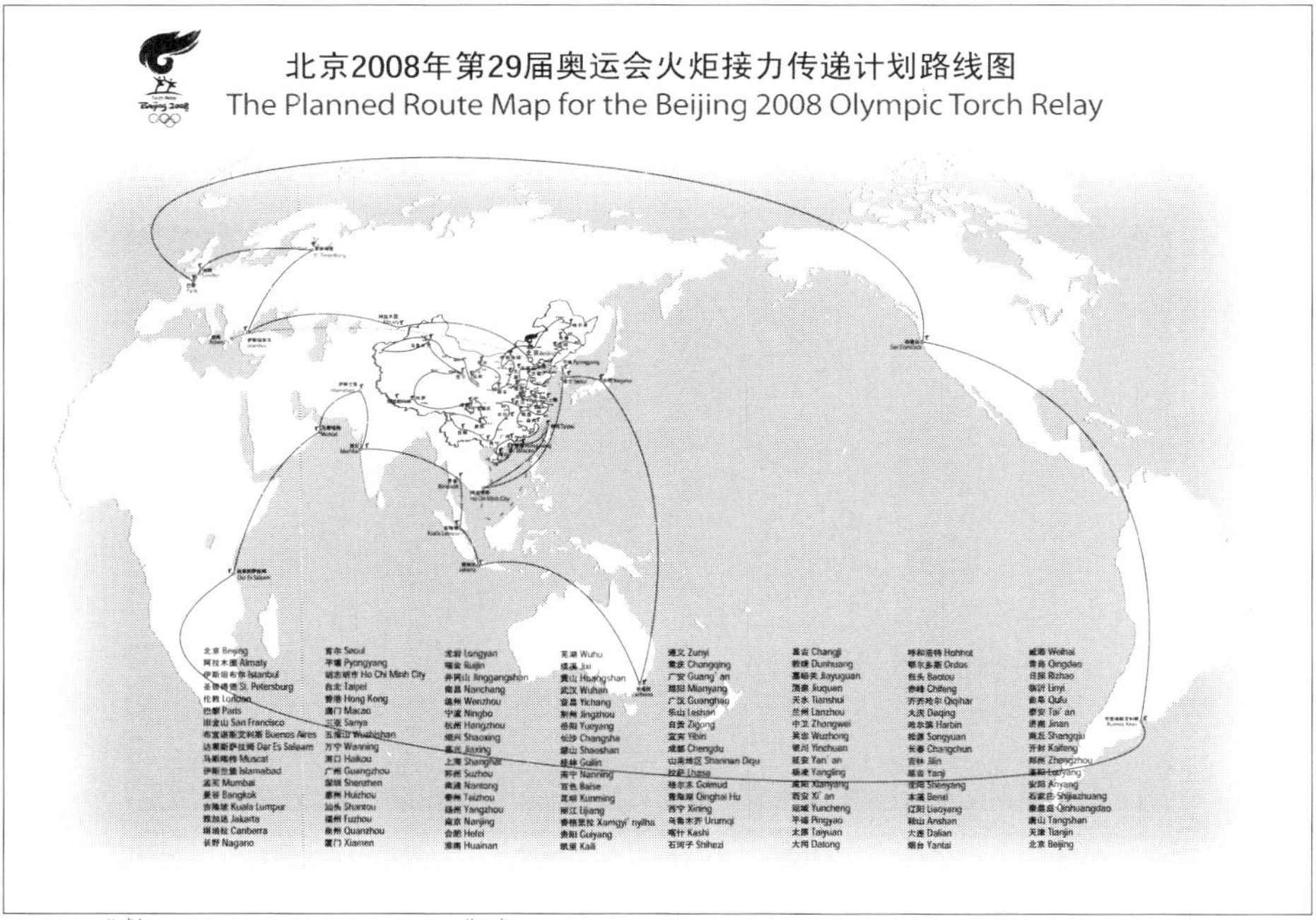

2008年北京《ペキン》大会の五大陸をまわる国際聖火《せいか》リレーマップ。

4 「オリンピック休戦」ってなに？

現代版「エケケイリア」のために努力するIOC。

古代オリンピックで「エケケイリア」とよばれた聖《せい》なる休戦制度は、現代にも「オリンピック休戦」として受けつがれている。

「エケケイリア」は、古代オリンピアの祭典競技に参加する選手や観客の旅の安全を保障《ほしょう》するために、戦争を中止するというものであった（18ページ参照）。この休戦制度は約1200年もの間、大切にまもられ、やぶられたことはほとんどなかった。

クーベルタンがオリンピックを復興《ふっこう》したときにも、この「オリンピック休戦」を取り入れようとした。しかし2度にわたる世界大戦で、逆にオリンピックは数回にわたって中止に追いこまれ、オリンピックが平和のきっかけとなることはできなかった。近代オリンピックで「オリンピック休戦」が初めてアピールされた大会は、1952年ヘルシンキ大会である。

1952年、世界は東西冷戦の真っただなかであった。そのため、ヘルシンキ大会の組織委員会は「オリンピック休戦」をうったえ、東西陣営《じんえい》がオリンピックで代理戦争をすることを防ごうとした。

1956年メルボルン大会の直前には、旧ソ連軍《れんぐん》がハンガリーの首都ブダペストに侵攻《しんこう》したため、ハンガリー選手たちが大会に参加することがむずかしくなった。そこでIOCのブランデージ会長は単独で、ハンガリーの選手がオリンピックに参加できるように「オリンピック休戦」をアピールした。これが成果をもたらし、ハンガリー選手は道中で攻撃《こうげき》を受けることなくメルボルンに到着《とうちゃく》し、オリンピックに参加することができた。

1992年バルセロナ大会のときには、内戦状態にあった旧ユーゴスラビアに対して国際連合がスポーツを含めたすべての国際交流を禁止していたため、旧ユーゴの選手はバルセロナ大会に参加できない状態にあった。そこで、この大会では初めてIOCが「オリンピック休戦」のアピールをし、国際連合と交渉《こうしょう》して旧ユーゴ選手のバルセロナ大会参加への道を開いたのである。IOCは、公式にはこれが近代オリンピックで初めての「オリンピック休戦」であるとしている。

翌《よく》1993年、国際連合が初めて1994年リレハンメル冬季大会のために「オリンピック休戦」の総会決議をおこなった。これ以後、夏冬両大会の前年の国連総会では、IOCと国際連合が連携《れんけい》して「オリンピック休戦」を世界中にうったえるようになったのである。2000年にはIOCとギリシャ政府が協力してアテネに「国際オリンピック休戦センター」を設立し、世界中でオリンピックの平和運動を展開《てんかい》している。

国際オリンピック休戦センターのロゴマーク。オリーブの小枝をくわえた白いハトとオリンピックカラーの5色で描かれた聖火、下にオリンピックのシンボルマークがデザインされている。

5

「オリンピック休戦賛同の壁《へき》画《が》」とは？

選手や役員も休戦に賛同したらサイン。

これまでにのべたように、「オリンピック休戦」は選手たちが大会に安全に参加するためにも、平和な世界を目指す第一歩としても、大切なものである。では、選手たち自身はこの運動にどのようにかかわっているのだろうか。

２０１８年平昌《ピョンチャン》冬季大会では、２ヵ所の選手村内に「オリンピック休戦賛同の壁画《へきが》」が設置された。選手村で生活しながら、休戦に賛同する選手や役員はだれでも、この壁画にサインをすることができた。

この「休戦賛同の壁《かべ》」へのサインがはじまったのは、２００４年アテネ大会からである。このときには、アテネ市内のザッピオン（19世紀にギリシャ国内でおこなわれていた「オリンピック大会」を支えた富豪《ふごう》ザッパスの建物）に設置されていた国際オリンピック休戦センターにボードを用意し、ローマ教皇や、アメリカ大統領など、世界各国の首脳《しゅのう》が集まって署名式《しょめいしき》（サインセレモニー）をおこなった。つづく２００６年トリノ冬季大会から、オリンピック休戦に賛同する選手たちもサインをすることができるようになった。トリノでは、３ヵ所に分かれた選手村にそれぞれ「オリンピック休戦賛同の壁」が用意され、選手たちが名前を書きこんだ。

この「壁（ウォール）」は、２０１６年リオデジャネイロ大会からは「壁画（ミューラル）」とよばれるようになった。これは、「壁」という言葉には、人と人とを分けへだてるようなマイナスのイメージがあるという理由からとされる。

さて、「オリンピック休戦賛同の壁画」は、大会後にはどのように活用されているのだろうか。２０１０年バンクーバー冬季大会では、大会後に壁画がオークションにかけられ、得られたお金がハイチの大地震《だいじしん》被災地《ひさいち》への義援金《ぎえんきん》となった。現在、バンクーバーの選手村跡《あと》地《ち》の記念公園には、サインをした選手たちの名前が刻《きざ》まれた記念碑《きねんひ》が建てられている。2012年ロンドン大会では、サインされた10本の壁画のうち5本がスイス・ローザンヌのオリンピックミュージアムに展示され、現在も見ることができる。2018年平昌冬季大会の壁画は、平昌のオリンピックプラザと江陵《カンヌン》市内のオリンピック公園に移され、オリンピックの平和運動に活用される予定になっている。そのほかの大会の「オリンピック休戦賛同の壁画」のゆくえは、残念ながら確認されていない。

2020年東京大会の選手村にも、「オリンピック休戦賛同の壁画」が設置される予定だ。この壁画がオリンピック・パラリンピック教育での平和教育に活用されることが期待されている。

2010年バンクーバー冬季大会選手村跡地の住宅街の公園に設置された「休戦賛同の壁《かべ》」の記念碑と筆者。

1 嘉納治五郎《かのうじごろう》ってどんな人？

講道館柔道《こうどうかんじゅうどう》をおこした教育者、アジア初のＩＯＣ委員。

近代オリンピックが開催《かいさい》されはじめると、クーベルタンは考えた。「ヨーロッパやアメリカ以外の国々にもオリンピズムをひろめたい」。そして、駐日《ちゅうにち》フランス大使館《たいしかん》を通じて日本のＩＯＣ委員として適任な者をもとめたところ、白羽《しらは》の矢《や》が立ったのが嘉納治五郎《かのうじごろう》だった。

アジア初のＩＯＣ委員、嘉納治五郎は、現在の講道館柔道《こうどうかんじゅうどう》をおこし、世界にその名を知られた人物。東京高等師範学校《とうきょうこうとうしはんがっこう》（現在の筑波《つくば》大学）の校長をつとめる教育者でもあった。彼《かれ》は、体育の大切さをうったえ、日本人に適したスポーツとして全国に水泳やジョギングなどをひろめた。彼がとなえた柔道の精神「精力善用《せいりょくぜんよう》・自他共栄――自分の持っている力をもっともうまく使って、自分と他人がともに発展《はってん》する――」という考え方は、クーベルタンのとなえる、人間教育と世界平和への貢献《こうけん》をめざす「オリンピズム」と重なるものだった。

１９０９年にＩＯＣ委員となった嘉納はさっそく、１９１２年ストックホルム大会に日本選手団を派遣《はけん》するために、大日本体育協会（現在の日本スポーツ協会）を設立し、予選会をおこなった。選ばれたのは、陸上短距離の三島弥彦《みしまやひこ》（東京帝国《ていこく》大学）と、マラソンの金栗四三《かなくりしそう》（東京高等師範学校、74ページ参照）という2人の大学生だった。こうして日本人選手が初めてオリンピックに参加したのだが、好成績をあげることはできなかった。しかし、参加することで得られたものは多く、世界のスポーツをつぶさにしらべて帰国し、その後の日本

のスポーツの発展につくした。

嘉納はまた国際的な視野ももっていた。自分自身が校長をつとめる宏文学院《こうぶんがくいん》に清《しん》（現在の中国）から５０００人もの留学生を受け入れ、学問だけでなく、柔道《じゅうどう》、テニス、サッカーなども学ばせている。そのなかには、文豪《ぶんごう》として有名になる魯迅《ろじん》もいた。

１９４０年のオリンピックを東京に招致《しょうち》する活動でも、中心的な役割をになったことは前にのべたが、嘉納は「それまで欧米《おうべい》でしか開催されてこなかったオリンピックをアジアで開催することで、初めて東洋と西洋が平等になる」と考えていた。つまり、アジアからヨーロッパに出かけるだけでなく、ヨーロッパからもアジアまでの遠い道のりを旅することで初めて世界の調和がとれる、というものだ。日本が日中戦争をおこしたために世界から１９４０年東京大会が反対されるなか、ＩＯＣを必死に説得したのも嘉納である。だが、ＩＯＣ総会からの帰国の途中、船の中で帰らぬ人となった。その後、日本は東京大会の開催を返上することになった。

東京・文京区《ぶんきょうく》にある嘉納治五郎《かのうじごろう》の銅像。

2 田畑政治《たばたまさじ》は何をした人？

1964年東京オリンピック大会の実現に力をつくした。

第二次世界大戦前から戦後を通じてつねに日本スポーツの発展につくし、日本が世界からの逆風をあびるなか矢おもてに立ちつづけて1964年東京大会を実現させた人物、それが田畑政治《たばたまさじ》である。

田畑はもともと静岡県浜松市《しずおかけんはままつし》出身の水泳選手であったが、病気のため現役《げんえき》をあきらめたあと、新聞記者（朝日新聞）と水泳の指導者《しどうしゃ》という二足のわらじをはいて活躍《かつやく》した。日本の水泳チームが大活躍をした1932年ロサンゼルス大会では、水泳選手団の総監督《そうかんとく》をつとめている。1936年ベルリン大会にも本部役員として参加し、幻《まぼろし》となった1940年大会の東京招致《しょうち》にも力をつくした。

第二次世界大戦の戦争当事国である日本が参加をゆるされなかった1948年ロンドン大会のときにも、田畑はだまっていなかった。彼は、世界に日本選手の力を見せるために、ロンドン大会の水泳競技実施《じっし》当日に、日本で全日本水上選手権大会をおこなったのである。そこで古橋廣之進《ふるはしひろのしん》、橋爪四郎《はしづめしろう》らの選手がたたきだした記録は、ロンドン大会の記録よりもはるかに速いものであった。

1952年ヘルシンキ大会には日本の復帰がゆるされ、田畑団長ひきいる日本選手団が参加した。しかし、その2年後にフィリピンのマニラで開催《かいさい》された第2回アジア大会で、日本チームは大ブーイングをあびることになる。太平洋戦争で東南アジア諸国に大きな被害《ひがい》をもたらした日本は、アジアの人々からはまだゆるされていなかったのである。選手団の団長としてアジアの人々の怒《いか》りを肌《はだ》で感じた田畑は、ふたたびオリンピックの東京招致を決意する。それは、戦後の日本が戦争放棄《ほうき》し、平和な国として再出発したことをアジアの人々にも知ってほしいという思いのためであった。

まず、1960年大会に名乗りを上げたが、東京はわずか4票しかとれずにローマにやぶれた。招致が決定したのは、1959年のこと。ミュンヘンのIOC総会で、当時NHKのニュース解説者であった平沢和重《ひらさわかずしげ》の名スピーチもあり、1964年大会の東京開催が決まったのである。

田畑は、聖火《せいか》リレーで東南アジアを通ることを考えた。それは戦争で被害をあたえてしまった国々への謝罪《しゃざい》と、平和を望む国家として再出発した日本をアピールするためであった。田畑が願った平和の祭典としてのオリンピックは、最終聖火《せいか》ランナーとして広島に原爆《げんばく》が投下されたその日に、広島県三次市《みよしし》で生まれた大学1年生の坂井義《さかいよし》則《のり》を選んだことにもあらわれている。

東京大会で実際に田畑が表舞台に立つことはなかったが、その功績はとても大きい（139ページ参照）。

日本水泳連盟《れんめい》の会長をつとめ、1964年東京オリンピック大会招致《しょうち》に力をつくした田畑政治《たばたまさじ》。

3

大島鎌吉《おおしまけんきち》はどういう人？

平和をもとめたメダリスト、「スポーツ少年団」の生みの親。

１９３２年ロサンゼルス大会の三段跳《さんだんと》びで銅メダルを獲得《かくとく》し、続くベルリン大会でも入賞した大島鎌吉《おおしまけんきち》は、つねに世界とかかわりながら日本のスポーツにつくした人物だ。

彼は毎日新聞の記者で、第二次世界大戦中に特派員《とくはいん》としてベルリンに滞在《たいざい》する間、ベルリン大会事務総長のカール・ディームと友好を深め、その影響《えいきょう》を受けた。ドイツのスポーツ界と交流した大島は、その経験をいかし、１９６４年東京大会では強化対策《たいさく》本部長や日本選手団の団長をつとめた。

スポーツを通じた人間教育が重要だと理解していた彼《かれ》は、聖火《せいか》ランナーは若者《わかもの》たちがつとめるべきだと強く主張し、その結果、高校生を中心に聖火ランナーが選ばれた（１４０ページ参照）。また、少年たちがスポーツする機会を作るために活動し、東京大会の２年前に「日本スポーツ少年団」が設立された。

大島は、平和運動にも情熱をそそいだ。旧ソ連軍《れんぐん》のアフガニスタン侵攻《しんこう》に抗議《こうぎ》して西側諸国《しょこく》がボイコットした１９８０年モスクワ大会でも、日本選手団の参加を主張し、モスクワにのり込《こ》んでボイコット反対をさけんだ。それは、オリンピックによって平和運動をすすめたいという考えからであった。このとき彼は、オリンピックメダリストで平和運動家であるフィリップ・ノエル＝ベーカー卿《きょう》（72ページ参照）と会っている。１９８２年、大島は「オリンピック平和賞」（ドイツのハンス・ハインリッヒ・ジーフェルト賞）を受賞した。

1932年ロサンゼルス大会の三段《さんだん》跳《と》びで銅メダルを獲得《かくとく》したときの大島鎌吉《おおしまけんきち》。

4 閉会式を変えたウィン少年とは？

組織委員会の委員長に手紙をおくった謎《なぞ》の17歳《さい》。

国際平和に貢献《こうけん》した人物として忘れてはならない中国系《けい》の17歳《さい》の少年がいる。ハンガリー動乱やスエズ運河の動乱が大会に暗い影響《えいきょう》をもたらしそうになる1956年メルボルン大会を平和の祭典にするための役割をはたした人物だ。

彼がおこした〝平和運動〟は、組織委員会のヒューズ委員長に名前をふせて手紙をおくることだった。手紙の内容はこうだ。「ひとつの国になろう。戦争、政治、国籍《こくせき》などすべてを忘れ、だれもが望むことは、全世界がひとつの国になることです」。そこには、選手が5列縦隊《れつじゅうたい》で行進する手描《てが》きの絵もそえられていた。

この手紙によって、世界各国の選手団がまざりあってさっそうと歩くという、のちに「メルボルン方式」とよばれる奇跡《きせき》の行進が実現した。手紙の内容とちがうのは、5列ではなく8列で整列して、整然と行進したことだけだった。多くの人々が手紙の主を探したが、少年が当時、名乗り出ることはなかった。

少年の存在《そんざい》があきらかになったのは、それから40年以上たったのちだ。2000年シドニー大会に向けて組織委員会が、オリンピックの歴史に残るすばらしい提案をした匿名《とくめい》の手紙の主を探し出した。それが、当時イギリスに住んでいたジョン・イアン・ウィン氏であった。ウィン氏は、シドニー大会の開会式に招待された。

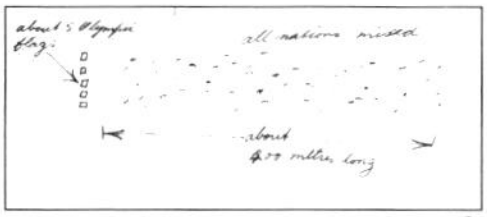

▲手紙にそえられていた手描《てが》きの絵。

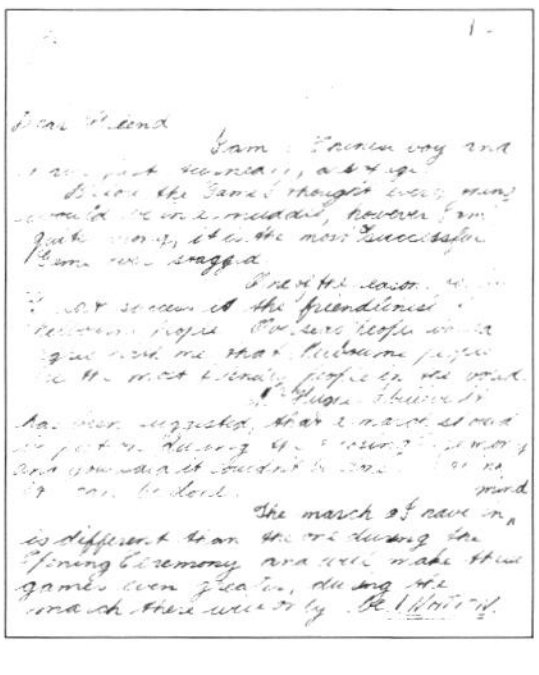
Dear Friend

◀ウィン少年が組織委員会のヒューズ委員長におくった手紙。

5 ノエル＝ベーカー卿《きょう》という人は？

ノーベル平和賞を受賞した ただひとりのオリンピックメダリスト。

フィリップ・ノエル＝ベーカー卿《きょう》は、オリンピックのメダリストのうち、ノーベル平和賞を受賞したこれまでただ一人の人物。1912年ストックホルム大会で陸上1500メートル6位入賞、1920年アントワープ大会で銀メダルに輝いた彼《かれ》は、戦争をにくみ、第一次世界大戦では戦闘《せんとう》をさけて衛生兵《えいせいへい》として従軍《じゅうぐん》した。この姿勢《しせい》からもわかるように、彼の平和への思いは強く、実行的であった。ケンブリッジ大学で国際政治学を学び、その後イギリスのさまざまな大臣をつとめたノエル＝ベーカー卿は、核兵器《かくへいき》廃絶《はいぜつ》や軍縮運動《ぐんしゅくうんどう》などの平和運動に取り組み、1920年の国際連盟《れんめい》の創設《そうせつ》にも力をつくした。これらの功績がみとめられ、1959年にオリンピックメダリストとして初めてノーベル平和賞を受賞したのである。

ノエル＝ベーカー卿は、1962年から1980年の間に広島《ひろしま》を5回も訪問し、広島の原水爆禁止運動《げんすいばくきんしうんどう》にも協力した。この縁《えん》で、広島経済《けいざい》大学の体育館には彼のノーベル平和賞受賞を記念し、「マンオブスポーツ・マンオブピース Man of Sport/Man of Peace」と彼をたたえる言葉がきざまれたレリーフがかざられている。同じレリーフがスイスのローザンヌのオリンピック研究センターの一角にもかざられているほか、ともに軍縮をすすめた友人のフェンナー・ブロックウェイ卿によってロンドン北部に「ノエル＝ベーカー平和公園」がつくられた。このように、ノエル＝ベーカー卿の平和運動は世界各地で記録にきざまれている。

スイス・ローザンヌのオリンピック研究センターにあるノーベル平和賞受賞記念のレリーフ。

第3部
オリンピック・トリビア

1 ストックホルムの遠いマラソンゴール？

日本選手として初めてオリンピックに参加したアスリート。

１９１２年ストックホルム大会で、初の日本選手としてマラソンに出場した金栗四三《かなくりしそう》。彼《かれ》は、あるエピソードによってオリンピックの記憶《きおく》にきざまれる選手となった。

金栗は大会前年に、世界トップクラスのタイムを出し、優勝候補《ゆうしょうこうほ》としてストックホルムにのりこんだ。しかし、レースはリタイアする選手が続出し、完走者が翌日《よくじつ》に急死するほど過酷《かこく》な猛暑《もうしょ》にみまわれた。金栗も暑さのためにレース途中で意識を失ってしまう。そして、めざめたのは介抱《かいほう》してくれた農家のベッドの上だった。

当然、記録に彼の名が残ることはなかった。

彼はその後もオリンピックに2度出場した。また日本でも、箱根駅伝《はこねえきでん》を発案するなど、長距離界《ちょうきょりかい》やマラソンの発展に力をつくし、「日本のマラソンの父」とよばれるようになった。

その金栗がオリンピックの舞台《ぶたい》に返り咲いたのは１９６７年のこと。彼はふたたびストックホルムを訪問し、組織委員会の粋《いき》なはからいでゴールテープをきった。タイムは54年8ヵ月6日5時間32分20秒3。金栗は「この間に子どもが6人と孫が10人できました」とユーモラスにあいさつした。

そして、かつて介抱された民家を訪《おとず》れ、あらためてお礼を言ったのだった。

ストックホルムで54年ぶりにフィニッシュした金栗《かなくり》四三《しそう》。

2 人見絹枝の銀メダルとは？

予定していなかったレースに出場。日本女子選手初のオリンピックメダリスト。

人見絹枝《ひとみきぬえ》は初めてオリンピックでメダリストとなった日本女子選手である。１９０７年に岡山県で生まれた人見は、16歳《さい》のときに走り幅跳《はばと》びで日本新記録を出した。さらに１９２６年、スウェーデンのヨテボリで開催《かいさい》された第2回国際女子競技大会で個人総合優勝《ゆうしょう》の成績をあげ、世界トップの実力をしめした。

人見はその後、女子の陸上競技が初めて実施《じっし》された１９２８年アムステルダム大会で、１００メートルでの優勝をめざした。実績のある人見に国民の期待が集まったが、あえなく準決勝で敗退してしまう。「このままでは日本に帰れない」と思った彼女は、なんと初体験となる８００メートルに出場することを決意した。どうにか予選を通過した人見は、決勝の前夜、「神様、私にいま少しの運命がありますならば（中略《ちゅうりゃく》）どうか明日一回走る力を与えてください（中略）あとはどうなってもかまいません」といのった。決勝では全力をつくして走り、2分17秒6の世界新記録で2位にくいこんだ。ゴールした後は意識を失い、気がつくと三段跳《さんだんと》び金メダリストの織田幹雄《おだみきお》らに支えられていた。

アムステルダム大会の陸上女子800mで2位に入り、日本女子選手初のメダルを獲得《かくとく》した人見《ひとみ》絹枝《きぬえ》（写真左。右は優勝《ゆうしょう》したドイツのリナ・ラトケ）。

このレースは、何人かの選手がゴール後にたおれこむほどの過酷《かこく》さだったため、女性のオリンピック参加に反対していたクーベルタンは「それみたことか」と納得《なっとく》し、その後しばらく女子の中距離走《ちゅうきょりそう》はとりやめになっている。

3

1936年ベルリン大会の「友情のメダル」とは？

最終決着をさけた日本人選手たちの友情の証《あかし》。

日本には、オリンピックの銀メダルと銅メダルを半分ずつはりあわせた、世にもめずらしい「2色のメダル」がある。このメダルが生まれたいきさつを紹介しよう。

1936年ベルリン大会の棒高跳《ぼうたかと》びは、歴史に残る熱戦となった。午前10時からの予選ののち、午後4時にはじまった決勝は、夜間照明が競技場を照らしはじめる時刻《じこく》になっても5人もの選手によって続けられていた。残っていたのは3人のアメリカ選手と、日本の西田修平《にしだしゅうへい》、大江季雄《おおえすえお》。その後アメリカ選手1人が脱落《だつらく》し、バーの高さが4メートル35となったときにアメリカのアール・メドウスだけが成功。ここで1位が決まった。次に脱落したのはウィリアム・セフトンだ。こうして2人の日本人によって銀メダルがあらそわれることになった。だがこのとき、すでに時刻は夜の9時。あたりは真っ暗だ。長い戦いに疲れはてていた2人は戦うことをやめることを申しでて、競技が終了したのだった。そこには、おたがいライバル校である早稲田《わせだ》大学、慶應義塾《けいおうぎじゅく》大学の学生という意識と同時に、ともに戦う仲間としての友情があった。

彼《かれ》らは「2人とも2位であるはず」と思っていた。だが翌日《よくじつ》の表彰式《ひょうしょうしき》では、少ない試技数で成功した西田が2位で、大江が3位と発表された。ここで西田がある決断をする。大江に2位の表彰台をすすめ、自分は3位の台にのぼったのだ。自分よりも若い大江が今後活躍《かつやく》するための足がかりとして、今大会でよりよい成績をとってもらいたいと願ったからだった。

帰国した2人は、授与された銀メダルと銅メダルを半分ずつ切ってはりあわせたメダルをつくらせた。こうして、「友情のメダル」とよばれる2色のメダルが生まれたのだった。

大江季雄《おおえすえお》のメダル（秩父宮《ちちぶのみや》記念スポーツ博物館蔵《ぞう》）。

この決勝の様子は、ベルリン大会公式記録映画《えいが》『オリンピア』にもえがかれている。しかし、注意して見ると、選手たちの表情には緊張感《きんちょうかん》がかけていることがわかる。じつは、これは実際の決勝ではなく、後日撮《と》りなおしたシーン。当時の技術では照明が暗い夜の競技場での撮影《さつえい》が不可能だったため、後日選手たちを集め、撮影用の強力な照明を当て、バーの高さを低くして跳《と》んでもらったのだ。そのときレニ・リーフェンシュタール監督《かんとく》と日本選手との間の通訳《つうやく》をしたのは、三段《さんだん》跳《と》び金メダリストの田島直人《たじまなおと》だった。

現在、「友情のメダル」のうち大江のメダルは秩父《ちちぶの》宮《みや》記念スポーツ博物館に、西田のものは母校の早稲田大学に保存《ほぞん》されている。

このエピソードは美談としてつたえられているが、2人の間で2位・3位の決着がついていないために半分ずつにしたのだという、まじめな学生らしい考えであったとの説もある。

西田が期待をかけた大江は、27歳《さい》の若さでフィリピンで戦死した。

4

オリンピックにあらわれたピース・エンジェルは？

開会式で平和をうったえた勇気あるドイツの女子学生。

ＩＯＣは、オリンピック大会で政治的な活動をしたり、政治的なメッセージをうったえたりすることを禁じている。この禁止《きんし》規定ができたのは、ある「事件」がきっかけだった。東西冷戦下でおこなわれた、１９５２年ヘルシンキ大会の開会式でのことである。

開会式がクライマックスにさしかかり、静まり返ったスタジアムで大司教が祈りの言葉を読み上げようとした瞬間《しゅんかん》のこと。白いドレスをまとった女性が、フェンスを乗りこえて陸上トラックを走りぬけ、演壇《えんだん》にかけのぼった。彼女《かのじょ》はすぐに組織委員会のフレンケル会長に取り押さえられ、会場から連れだされたが、その姿《すがた》が世界の人々にあたえた印象は鮮烈であった。

彼女の名はバーバラ・ロットロウト・プレーヤー。ドイツのチュービンゲン大学に通う23歳《さい》の学生平和運動家だった。世界中の人々に平和のメッセージを発信するにはオリンピックがうってつけであると考え、7ヵ国語（ドイツ、フィンランド、英語、フランス、スペイン、ロシア、アラビア語）で書かれたメッセージを持って、ヘルシンキにやってきたのである。メッセージには、「熱い戦争も冷戦も終結すること」「万人が自分たちの政府を選べること」「自由と平等が保障《ほしょう》されること」とあった。

プレーヤーはのちの記者会見で、「私は平和理想主義者で、東西ドイツを統一するために何かをしたかった」「これは政治的な声明ではなく、平和をうったえたいひとりの人間としての願いによるもの」と語った。「無謀《むぼう》な平和の十字軍」と彼女の行動を批判《ひはん》するメディアもあったが、ほとんどのメディアは彼女の行動をほめたたえ、「ピース・エンジェル（平和の使徒《しと》）」とよばれるようになった。

だが、政治的ともとれるこの行動をIOCのブランデージ会長はゆるさなかった。IOCはこれをきっかけに、オリンピック憲章《けんしょう》に政治的な活動やメッセージの発信を禁止する規定をくわえたのである。

プレーヤーは、その後世界各地で平和運動家として活躍《かつやく》し、1952年に広島で開催《かいさい》された平和会議にも参加している。

オリンピック憲章の禁止事《じ》項《こう》のきっかけとなってしまった事件ではあったが、このように、オリンピックという舞《ぶ》台《たい》で平和をもとめる活動をした勇敢《ゆうかん》な女性がいたということはおぼえておきたい。

ヘルシンキ大会の開会式で平和をうったえた女子学生、バーバラ・ロットロウト・プレーヤー。

5 混乱した北京《ペキン》大会の国際聖《せい》火《か》リレーとは？

日本でも聖《せい》火《か》リレーの大混乱《だいこんらん》がおこった。

２００４年アテネ大会で大成功をおさめた、世界をまわる「国際聖火《せいか》リレー」は、２大会で実施《じっし》されただけで終了《しゅうりょう》してしまった（61ページ参照）。その理由は、２００８年北京《ペキン》大会での国際聖火リレーの大混乱《だいこんらん》にあった。

北京大会の国際聖火リレーのスローガンは、「情熱を燃やせ、夢を共有しよう」。世界五大陸13万７０００キロメートルを、１３０日間かけて約2万人の聖火ランナーによってリレーするという、大がかりな計画だった。

だが、このころ中国政府は、チベットの民衆《みんしゅう》への弾圧《だんあつ》やメディア統制、言論統制などの問題によって世界中から批判《ひはん》をあびていた。それらの問題が解消されることを期待して中国にたくされた北京オリンピックだったが、問題が解決されないまま大会が開催《かいさい》されようとしたことに、世界から大きな反発がおこったのである。

２００８年3月25日におこなわれた国際聖火リレーの出発式で、北京大会組織委員会の劉淇《りゅうき》会長のスピーチの最中に「国境なき記者団」による妨害《ぼうがい》がおきた。彼《かれ》らは、「聖火よりも人権のほうが神聖《しんせい》なものだ」という声明とともに、この後も世界各地で聖火リレーを妨害するという作戦に出たのである。

4月6日のロンドンでは、トーチがうばわれそうになった。翌日《よくじつ》のパリ市内では聖火が一時消され、バスでリレーされることとなった。4月9日のサンフランシスコでは、妨害をさけるために突然《とつぜん》ルートが変更《へんこう》され、市民も見ていないところで聖火リレーがおこなわれる事態になってしまった。

日本では長野でリレーがおこなわれたが、ここでも大混乱が生じた。当初は善光寺《ぜんこうじ》からスタートする予定だったが、善光寺の僧侶《そうりょ》たちがチベット弾圧に反対してそれを拒否《きょひ》し、スタート地点が県庁近くの広場に移された。市内でおこなわれた聖火リレーは警察官《けいさつかん》に何重にもかこまれ、さながら「聖火護衛《ごえい》リレー」であった。

聖火はエベレストの山頂《さんちょう》にも運ばれ、チベットが中国の領土であるというアピールをしたすえ、8月8日に北京のオリンピックスタジアム（通称《つうしょう》「鳥の巣」）にはこばれた。

古代オリンピア遺跡《いせき》のヘラ神殿《しんでん》前でおこなわれた採火式《さいかしき》では、古代ギリシャの巫女《みこ》にふんする女優《じょゆう》が、つぎのように祈りをささげた。「神よ、大地、海、風の神よ、アポロンの神よ、この聖《せい》なる地に、聖火の火をともすために、太陽の光を送りたまえ。小鳥たちのさえずりが聞こえるこの聖なる地で、北京に送る聖火の火をともせ。そして、世界の人々に平和をつたえよ」。平和を広めようとするこの巫女の言葉とは裏腹《うらはら》に、世界中で北京大会の国際聖火リレーに対する妨害がおきてしまったのは悲しいことである。

ギリシャのオリンピア市内でおきた聖火リレーの妨害《ぼうがい》。右端《みぎはし》が愛知県稲沢中学の聖火ランナー、服部君。

1 世界初のマスコットは？

公式マスコットは1970年代に登場。

いつの大会でも、どんな姿《すがた》で登場するかが楽しみなオリンピックのマスコット。じつは大会ごとに、マスコットがどのようにして選ばれたのか、その名前にはどんな意味があるのかなどは、あまり知られていない。

オリンピックで初めての公式マスコットは、1972年ミュンヘン大会の「バルディ」。ドイツのバイエルン地方で親しまれる犬ダックスフントをモチーフにしたもので、その体にはオリンピックカラーの5色のうち、少なくとも3色が使われるという工夫がされていた。この後、公式マスコットのモチーフには、開催地《かいさいち》になじみのある動物が選ばれるようになっていく。

冬季大会初の公式マスコットは、1976年インスブルック大会の「シュネーマン」。ドイツ語で「雪だるま」という意味で、開催地のチロル地方で有名な赤いチロリアンハットをかぶっていた。

また、非公式だが、シュネーマンの前には1968年グルノーブル大会の「シュス」というマスコットがいた。シュスの体はフランスの国旗の青、白、赤の3色でいろどられ、スキーをはいたキャラクターの形が「S」の文字に見えるようになっていた。

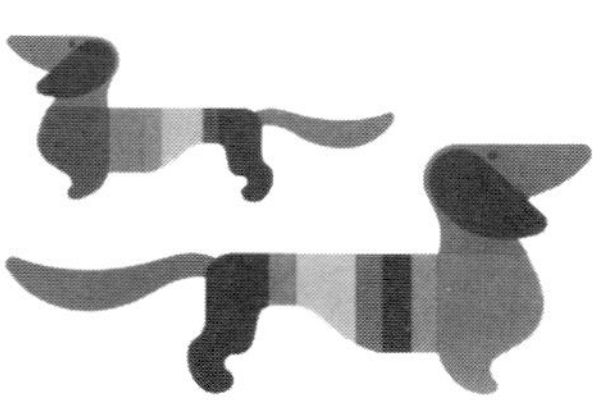

はじめての公式マスコット、1972年ミュンヘン大会の「バルディ」。

冬季大会初の公式マスコットは1976年インスブルック大会の「シュネーマン」。

2 ユニークなマスコットは？

大会によってモチーフ・題材はさまざま。

1996年アトランタ大会の「イジー」は、苦労のすえに決まったマスコットだ。最初につけられた名前は「それはなに？(What is it?)《ホワット イズ イット》」という英語からとられた「WHATIZIT《ワテイジット》」。デザインも架空《かくう》のキャラクターで、「なんだかわからない」と不人気だった。そこで、あらためて子どもたちに投票してもらい、「イジー」という名前が選ばれ、デザインも目に星をえがき、唇《くちびる》と鼻をつけるなど変更《へんこう》して最終決定した。

2004年アテネ大会では、ギリシャ神話から「フィボス」と「アテナ」という名前がつけられた2体のマスコットが選ばれた。フィボスは太陽と音楽の神アポロンの別名、アテナはアテネ市の守り神で、知恵の女神の名前。デザインのモチーフは、古代ギリシャの素焼きの土器のおもちゃであった。

不思議なマスコット、1996年アトランタ大会の「イジー」。

2012年ロンドン大会の「ウェンロック」は、テレビカメラのレンズをイメージした一つ目のデザインだった。名前は、クーベルタンがオリンピックを復活させるときに視察《しさつ》した町(28ページ参照)の名からとられている。

1992年アルベールビル冬季大会の「マジーク」は、星形と立方体を組み合わせた不思議なマスコットキャラクター。2006年トリノ冬季大会では、イタリア語で雪を意味する「ネーベ」と氷を意味する「グリッツ」が選ばれている。

3 複数のマスコットがあった？

とはいえ、多ければいいというものでもない。

マスコットは必ず1つだけという決まりはなく、大会によっては複数のマスコットがつくられている。

1988年カルガリー冬季大会では、カウボーイハットをかぶったホッキョクグマの兄妹《きょうだい》「ハウディ」と「ハイディ」がつくられた。英語の「こんにちは」がもとになったハウディ、「ハイ」というあいさつがもとになったハイディという名前は、カルガリー動物園で実施《じっし》された人気投票で7000人以上の応募《おうぼ》から選ばれたもの。モデルのホッキョクグマは、カナダ北部の代表的な動物で、寒い地方でも活発に行動する姿《すがた》がオリンピックにふさわしいとされた。

1994年リレハンメル冬季大会では初めて人間の子どもたちの姿をしたマスコット、「ホーコン」と「クリスティン」が選ばれた。中世のノルウェーに平和をもたらした人々として現在もしたわれている、ホーコン王とそのおばのクリスティン姫《ひめ》がモデルであるため、中世風の衣装《いしょう》を着ている。この大会では10歳《さい》と11歳の少年少女たち8組の生身の人間のマスコットも選ばれ、大会をもりあげた。

2000年シドニー大会では、夏季大会で初めて3体のマスコットが登場した。「オリー」「シド」「ミリー」と名づけられた3体は、ワライカワセミ、カモノハシ、ハリモグラというオーストラリアの代表的な動物がモデル。すでに世界で有名なカンガルーとコアラは、あえて選ばれなかった。オリーはオリンピック、シドはシドニー、ミリーは2000年のミレニアム（千年紀）から名づけられた。

2008年北京《ペキン》大会では、5体のマスコットがつくられた。「フーワー」とよばれた5体のマスコットは、「ベイベイ」「ジンジン」「ファンファン」「インイン」「ニーニー」と名づけられ、すべてつなげると「ベイジンファンインニー（北京へようこそ）」という意味になるように考えられている。それぞれオリンピックカラーの5色でいろどられ、青色の魚は「繁栄《はんえい》」、黄色のチベットアンテロープ（カモシカの仲間）は「健康」、黒のパンダは「幸福」、緑のツバメは「幸運」、赤の炎は「聖火とオリンピック精神」を象徴《しょうちょう》している。

冬季大会では、１９９２年アルベールビル大会をのぞき、１９８８年カルガリー大会から２０１４年ソチ大会まで複数のマスコットがつくられている。ほとんどが動物だが、２０１０年バンクーバー大会の「クワッチ」と「ミーガ」のように想像上の動物もいる。２０１４年ソチ大会のマスコット、野ウサギ、ホッキョクグマ、ユキヒョウには、ニックネームはつけられなかった。これはオリンピックのマスコットの歴史では初めてのことであった。

1988年カルガリー冬季大会のマスコット、ハウディとハイディはホッキョクグマがモデル。

2000年シドニー大会のマスコット、オリー、シド、ミリー。

4

日本の大会のマスコットは？

2020東京大会のマスコットの名前は？どんな意味？

日本で開催《かいさい》された大会のマスコットについて、くわしく紹介しよう。

1998年長野冬季大会では、4体のフクロウのマスコットがつくられた。「スッキー」「ノッキー」「レッキー」「ツッキー」という名前は、4万7484人の投票から選ばれたものだ。4体を合わせたよび名は「スノーレッツ」。英語で雪を意味する「スノー」に、「さあ、○○しよう！」という意味の「レッツ」を組み合わせたもので、冬季オリンピック大会へのいざないの意味をもっていた。また、スノーレッツを英語で「snowlets」と書くと、その中の「owlets」は「若いフクロウ」という意味になる。ちなみに、フクロウは多くの国々で知恵や哲学の動物としてあがめられ、「森の賢者《けんじゃ》」ともいわれている動物であり、ギリシャ神話でも知恵の女神アテナと深いかかわりをもつとされている。4羽のフクロウは、それぞれ火、空気、大地、水をあらわし、4という数字は4年周期のオリンピアードからとられた。

このように多くの意味をもつ「スノーレッツ」だが、当初の予定では、英語で雪とリンゴを合成した「スノープルSnowple」という名の、オコジョをモチーフとしたマスコットが考えられていた。

1972年札幌《さっぽろ》冬季大会には公式マスコットとよべるものはなかったが、「タクちゃん」という名のマスコット人形がつくられた。今は存在《そんざい》しない北海道拓殖《ほっかいどうたくしょく》銀行が用意したソフトビニール製の貯金箱の人形で、スキーやジャンプなど種目ごとにつくられ、お客さんにくばっていた。公式マスコットではないため大切に保存《ほぞん》している人が少なく、今となっては「お宝」である。

2020年東京オリンピック・パラリンピックのマスコットは、次のようにして選ばれた。

長野冬季大会のスノーレッツは子どもに大人気だった。

総応募数２０４２件から東京大会組織委員会によって３案にしぼられたデザインが、世界で初めて小学生のクラス投票によって１つに決まった。２０１７年12月11日から２０１８年２月22日におこなわれた投票に参加したのは、日本全国２３３自治体の、１万６７６９校の、20万５７５５クラス。その結果、半数以上の10万９０４１票を得て選ばれたのが、谷口亮《たにぐちりょう》氏のデザインだった。オリンピックの青いマスコットは「伝統と近未来がひとつになった温故知新《おんこちしん》なキャラクター。伝統を重んじる古風な面と最先端の情報に精通する鋭い面をあわせ持っています。正義感が強く運動神経バツグンで、どんな場所にも瞬間《しゅんかん》移動できます」と紹介されている。マスコットの名前は２０１８年７月22日に組織委員会によって、青が「ミライトワ」、パラリンピックのピンクが「ソメイティ」と発表された。「ミライトワ」は未来と永遠（とわ）を合わせた名前であり、すばらしい未来を永遠にという願いをこめている。「ソメイティ」は桜の「ソメイヨシノ」と非常に力強いという意味の「so mighty」から名づけられた（89ページ参照）。

「名は体をあらわす」と言うが、東京の歴史的・文化的な特徴《とくちょう》と、２０２０年の時代の状況《じょうきょう》やオリンピック精神をマスコットがうまくあらわすことができているかに注目しよう。

5

パラリンピックのマスコットは？

パラリンピックらしさが表現されている？

パラリンピック大会で初めてマスコットが誕生《たんじょう》したのは、1980年アーネム大会。「80」の数字がついた男女のチアリーダーのような洋服を着た2匹《ひき》のリスで、ニックネームは不明だ。

パラリンピック夏季大会のおもなマスコットをご紹介しよう。ニューヨークとイギリスのストーク・マンデビルの2都市で開催《かいさい》された1984年大会では、ニューヨークでライオンをモデルにした「ダン・ディ・ライオン（英語で「タンポポ」）」がつくられた。ストーク・マンデビルでは、マスコットはつくられていない。

1992年バルセロナ大会のマスコットは、「ペトラ」という両腕《りょううで》のない少女。障《しょう》がいがあっても前向きに生きる少女がモチーフだ。1996年アトランタ大会では、不死鳥をモデルにした「ブレーズ」。不死鳥は、アトランタ市のシンボルであると同時に、障がい者の再生、忍耐《にんたい》、決心をあらわしている。

2000年シドニー大会のマスコットは、黄色と緑のナショナルカラーをもちいたエリマキトカゲの「リジー」。オーストラリアの国土の形をしたエリマキをしていた。2004年アテネ大会は、カラフルなタツノオトシゴの「プロテアス」。2008年北京《ペキン》大会は、幸運の牛をモチーフにした「フー」「ニウ」「レレ」。このマスコットは、中国の正月のおめでたい飾《かざ》りの色でいろどられていた。

2012年ロンドン大会のマスコットは、「マンデビル」という架空《かくう》の一つ目キャラクター。この名前は、パラリンピック発祥《はっしょう》の地であるストーク・マンデビル病院から取られたものだ。2016年リオデジャネイロ大会のマスコットは「トム」。人気歌手アントニオ・カルロス・ジョビンのニックネームを名前とし、ブラジルのジャングルの豊富な植物をモチーフにした、多様性をあらわすデザインだ（123ページ参照）。

冬季大会では、１９９２年アルベールビル大会の「アルピー」が最初。地元の山の形をしたキャラクターが一本足のスキーですべるデザインであった。１９９８年長野大会は、雪ウサギの「パラビット」。２０１４年ソチ大会では、光線と雪の結晶《けっしょう》をモチーフにした男女の想像上のキャラクターが選ばれたが、夏季大会と同様、ニックネームはつけられなかった。２０１８年平昌《ピョンチャン》大会のマスコットはツキノワグマの「バンダビ」。ツキノワグマは韓国《かんこく》で、神話にも登場する重要な動物である。

２０２０年東京大会のマスコット「ソメイティ」は桜を愛でる日本人の心とパラリンピアンのすばらしさを表すとされる、「桜の触《しょっ》角《かく》と超能力を持つクールなキャラクター。ふだんは物静かなのに、いざとなるとパワフル。凛《りん》とした内面の強さと自然を愛する優《やさ》しさがあり、超能力を使って石や風と話したり、見るだけで物を動かせます」と紹介されている（87ページ参照）。

1984年ニューヨークパラリンピックのマスコット「ダン・ディ・ライオン」。

1 第1回アテネ大会のメダルは？

第1回大会に金メダリストはいなかった？

「オリンピック」といえば、メダルをイメージする人も多いだろう。だが、最初から金メダル、銀メダル、銅メダルがあたえられていたわけではない。

1896年第1回アテネ大会では、最終日となる大会10日目に、国王の立ち会いのもとで陸上競技、体操《たいそう》、水泳、射撃《しゃげき》、フェンシング、自転車、テニス、レスリングの全8競技の表彰式《ひょうしょうしき》がおこなわれた。表彰式で1位の選手にあたえられたのは、銀メダルとオリーブの小枝と賞状。2位の選手には、銅メダルと月桂樹《げっけいじゅ》の小枝と賞状があたえられた。1日かけて盛大な表彰式がおこなわれたのだ。

マラソン優勝者《ゆうしょうしゃ》のスピリドン・ルイスをふくむ何人かには、特別賞として銀製のトロフィーもさずけられた。ルイスの名がよびあげられると、会場は大歓声《だいかんせい》につつまれ、ギリシャ国旗の色のリボンをつけたハトが飛ばされた。その後、スピリドン・ルイスを先頭に1位と2位の選手たちが陸上トラックを行進し、優勝マーチが演《えん》奏《そう》された。

3位までの選手が表彰されるようになったのは第2回パリ大会から。1位の選手に金メダルがあたえられるようになったのは、第3回セントルイス大会からといわれている。

第1回大会で授与されたメダルは、表にゼウスの大きな顔と、オリーブの小枝をかかえた勝利の女神ニケ像が立つ小さな地球儀《ちきゅうぎ》がえがかれている。ギリシャ語で「オリンピア」の文字も見える。裏《うら》にはアクロポリスのパルテノン神殿《しんでん》がえがかれ、「アテネ国際オリンピック1896」とギリシャ語で書かれている。

ちなみに、1850年代にイギリスでオリンピック復興《ふっこう》運動をおこなっていたマッチ・ウェンロックのオリンピック大会でも、メダルが授与されていた。このメダルには、ニケがえがかれている。1880年にマッチ・ウェンロックのオリンピック大会を視察《しさつ》したクーベルタンはこの大会を気に入って、1881年大会のときにメダルをおくっている。

1896年第1回アテネ大会の銀メダル。
上が表、右は裏《うら》。

2

メダルのデザインは？

2004年アテネ大会からデザインが変更になった。

初期の夏季オリンピックでは、大会ごとに自由にメダルがデザインされていた。デザインが統一されたのは、1928年アムステルダム大会から。表面《おもてめん》には、スタジアムを背景《はいけい》に勝利の女神ニケが右手にオリーブの葉冠《ようかん》を持っている様子が、裏面《うらめん》には、古代オリンピアの英雄《えいゆう》ディアゴラスが息子たちにかつがれているデザインのメダルが使われた。しかし、2004年アテネ大会の前に、「表面のスタジアムがギリシャのスタジアムではなく、古代ローマのコロッセウムに似ている」という指摘《してき》があり、デザインが変更《へんこう》されている。

現在のメダルは、表面にはアテネのパナシナイコスタジアムを背景に勝利の女神ニケがえがかれ、裏面には大会ごとのエンブレムがえがかれるのが慣例《かんれい》だ。アテネ大会ではそれにくわえ、ギリシャ語で「競技の母オリンピアよ、真の女王よ」という、詩人ピンダロスの言葉がきざまれている。

冬季大会では、表、裏ともに大会ごとに自由なデザインが採用されている。

1928年アムステルダム大会のメダル。

2004年アテネ大会のメダル。

3

メダルは丸いとはかぎらない？

冬季大会や昔の夏季大会には、かわった形のメダルがある。

メダルは丸いものだと思っている読者には、これらの写真を見てもらいたい。１９００年パリ大会では、四角いメダルが授与された。表面《おもてめん》に月桂樹《げっけいじゅ》の枝を両手でもつ女神ニケが、裏面《うらめん》には月桂樹の小枝をかかげた男性の優勝者《ゆうしょうしゃ》がえがかれ、背景《はいけい》にはアクロポリスのパルテノン神殿《しんでん》も見える。

２００２年ソルトレークシティ冬季大会のメダルは、川の石をイメージした変形六角形で、表面には聖火《せいか》を持った選手と「内なる火を燃やせ」という大会テーマが、裏面にはオリーブの葉を持った女神ニケ、そして競技別のイラストがえがかれた。２００６年トリノ冬季大会では、まん中に穴《あな》の開いたドーナツ形のメダルが使われた。表面は共通のデザインで、裏面には競技ごとのピクトグラム（絵文字）がある。２０１０年バンクーバー冬季大会のメダルはゆがんだ円。表面にオリンピックのシンボルマークと先住民がえがいた絵が、裏面にはカナダの公用語である英語とフランス語で大会名がきざまれている。

1900年パリ大会のメダル。

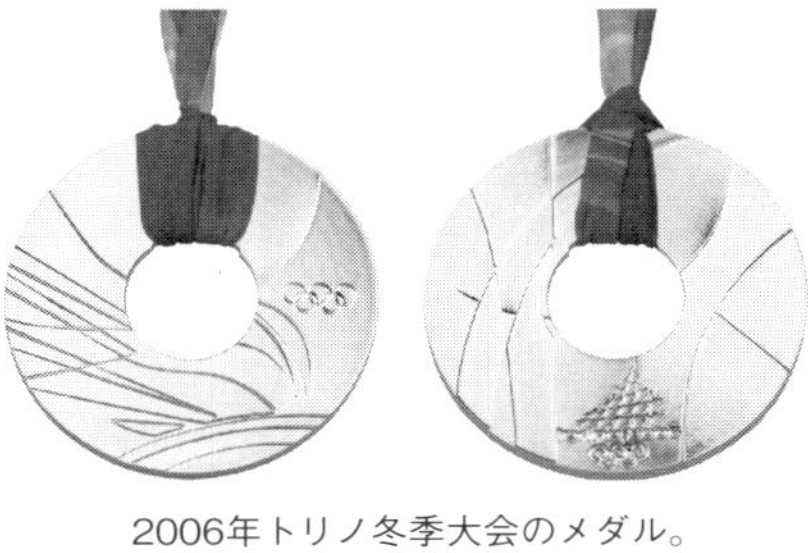

2006年トリノ冬季大会のメダル。

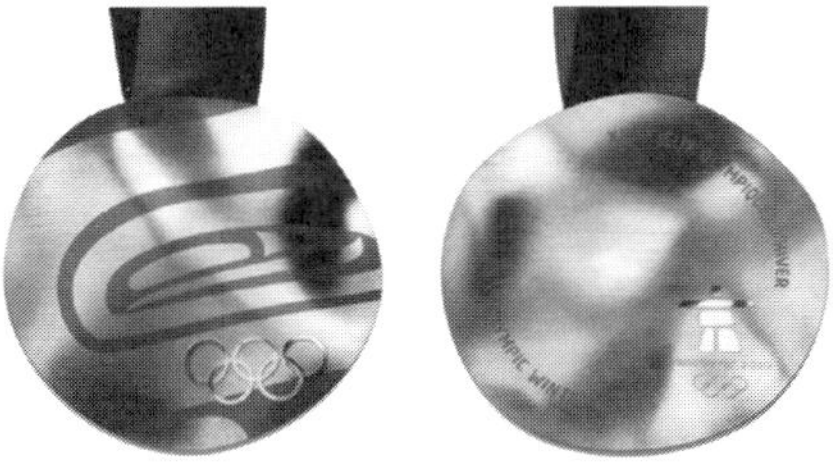

2010年バンクーバー冬季大会のメダル。

4

日本の3大会のメダルは？

どのようなメダルが授与されたのだろうか？日本文化がうまく表現されただろうか？

1964年東京大会のメダルのデザインは、1928年アムステルダム大会から採用されているものと同じである。表面《おもてめん》には、「第18回オリンピアード東京1964年」という英語の文字とともに、あたえられた選手が出場した競技名がきざまれている。今ではあたりまえになっている、首からぶら下げるためのリボンがメダルにつけられたのは、この東京大会からである。

1972年札幌《さっぽろ》冬季大会では、四角形を不規則に変形させた形だった。ふわふわした雪と角ばった氷の両方を表現し、平穏《へいおん》な日本の風景と平和そのものをあらわしたとされる。表はモダンアートのようなデザインで、中心のたての曲線はスキーのシュプール（すべった跡《あと》）、右下のだ円形はスケートリンクをあらわしている。裏《うら》には、大会エンブレムと「札幌オリンピック冬季大会」の文字が日本語と英語できざまれている。

1998年長野冬季大会のメダルは、表・裏ともに日本の伝統工芸である木曽漆《きそうるし》をもちいた蒔絵《まきえ》が特徴《とくちょう》だ。表の金・銀・銅の部分にはオリーブの葉と長野大会のエンブレムがえがかれ、蒔絵部分には日本を象徴する日の出がデザインされた。エンブレムは七宝焼《しっぽうやき》で6色にいろどられ、オリンピックのメダルで初めての多色使いとなった。裏はほぼ全面が蒔絵で、信州《しんしゅう》の山並《やまな》みをバックに、大会エンブレムとともに各競技のピクトグラムがえがかれたシックなデザインである。

2020年東京大会では、環境《かんきょう》に配慮《はいりょ》して、携帯電話《けいたいでんわ》や小型家電をリサイクルした金属材料でメダルを作成する「都市鉱山《こうざん》」キャンペーンがおこなわれている。

1964年東京大会のメダル。

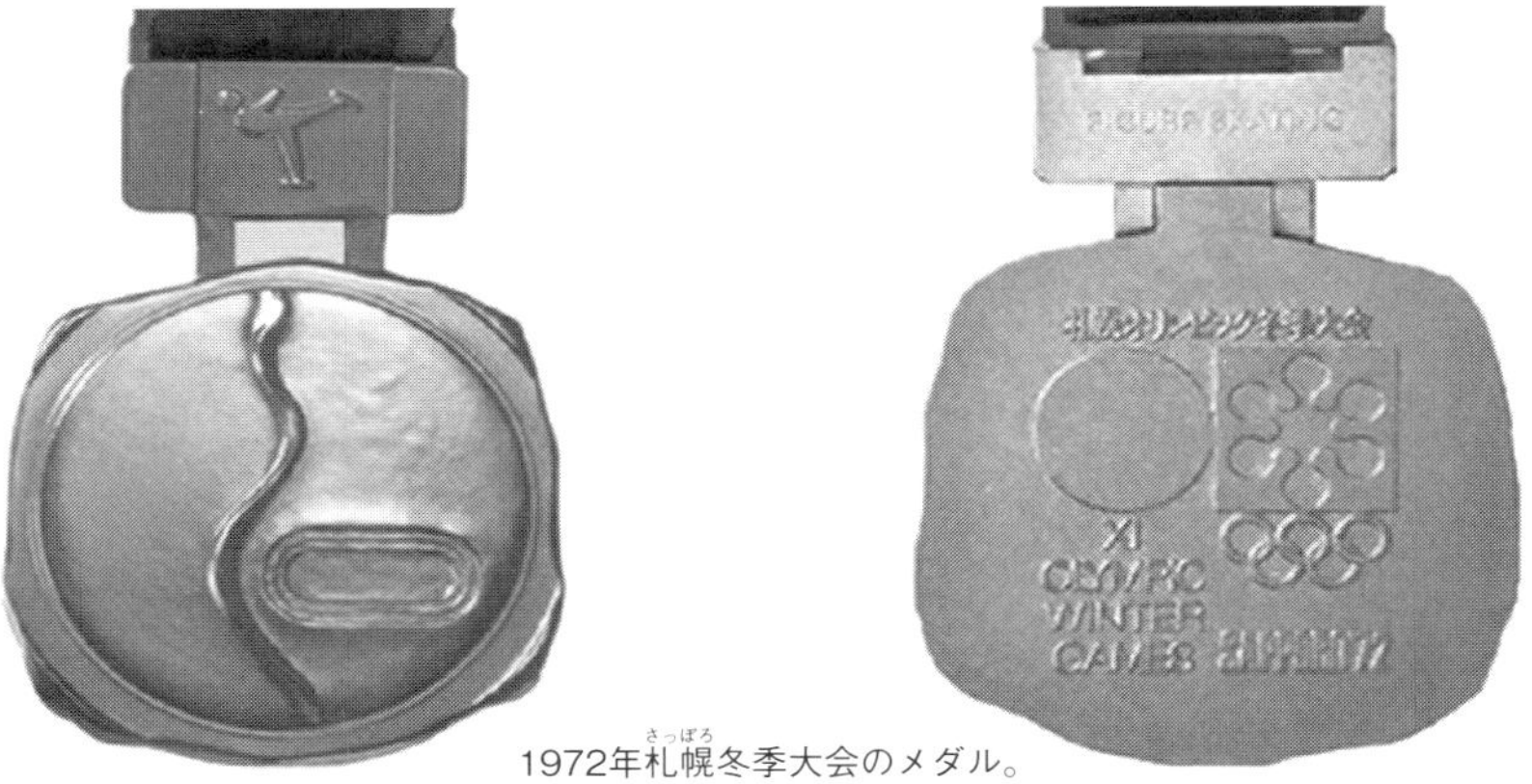

1972年札幌《さっぽろ》冬季大会のメダル。

1998年長野冬季大会のメダル。

5

国別メダルカウントは許されない？

オリンピック憲章《けんしょう》では国・地域別《ちいきべつ》メダル数とランキングの作成を禁止。

オリンピック憲章《けんしょう》の第6条第1項によると、「オリンピック競技大会は、個人種目または団体種目での選手間の競争であり、国家間の競争ではない」（２０１７年ＪＯＣ訳《やく》版）とさだめられている。そのため、第57条の入賞者名簿《めいぼ》の条文には、「ＩＯＣとＯＣＯＧ（組織委員会）は、国ごとの世界ランキングを作成してはならない」とさだめている。そうした理由で、ＩＯＣは公式ホームページに国別のメダル獲得数《かくとくすう》を発表していない。だが、新聞やテレビなどのメディアでは、国民の関心が高いという理由で、国別のメダルの獲得数、国同士の比較がさかんにおこなわれている。

じつは、この国別メダル獲得数を速報できるようになったのは、１９６４年東京大会からだった。このとき、大手コンピューター会社の日本ＩＢＭ社が、プレスセンターとなっていた旧日本青年館の１階にデータセンターをもうけ、各競技会場と連携《れんけい》をとり、コンピューターで競技結果がすぐわかるようなシステムをつくりあげた。そのために、国別メダル数や順位がかんたんにわかるようになったのだ。

ところで、国別ではなく、個人としての最多金メダル獲得者は、夏季大会では「水の怪物《かいぶつ》」とよばれた水泳のマイケル・フェルプス（アメリカ）。金メダル23個、銀3個、銅2個という、まさに「怪物」にふさわしい獲得数をほこっている。冬季大会での最多金メダル獲得者は、クロスカントリースキーのマリット・ビョルゲン（ノルウェー）で、こちらの獲得数は金8個、銀4個、銅3個である。

日本選手で夏季大会の最多金メダリストは、体操《たいそう》の加藤澤男《かとうさわお》。3大会で金8個、銀3個、銅1個を獲得した。冬季大会では、スキージャンプの船木和喜《ふなきかずよし》、フィギュアスケートの羽生結弦《はにゅうゆづる》、スキーノルディックの荻原健《おぎわらけん》司《じ》、スピードスケートの高木菜那《たかぎなな》がそれぞれ金メダル2個をとっている。

しかし、競技によって出場できる種目数がことなるため、メダル獲得数の比較《ひかく》をしてもあまり意味がないともいえる。

また、それぞれの国にはお家芸とよばれている競技があり、メダルを量産している。たとえばノルウェーは、冬季大会のクロスカントリーやバイアスロンなどのノルディック競技で2018年現在、金メダルを40個も獲得している。日本は柔道《じゅうどう》で、金メダル39個、銀メダル19個、銅メダル26個の合計84個を獲得している。また体操では金メダル31個、銀メダル33個、銅メダル34個で、メダルの合計数では98個ともっとも多い。このように、各国ともお家芸のスポーツでのメダル獲得数は多くなっている。

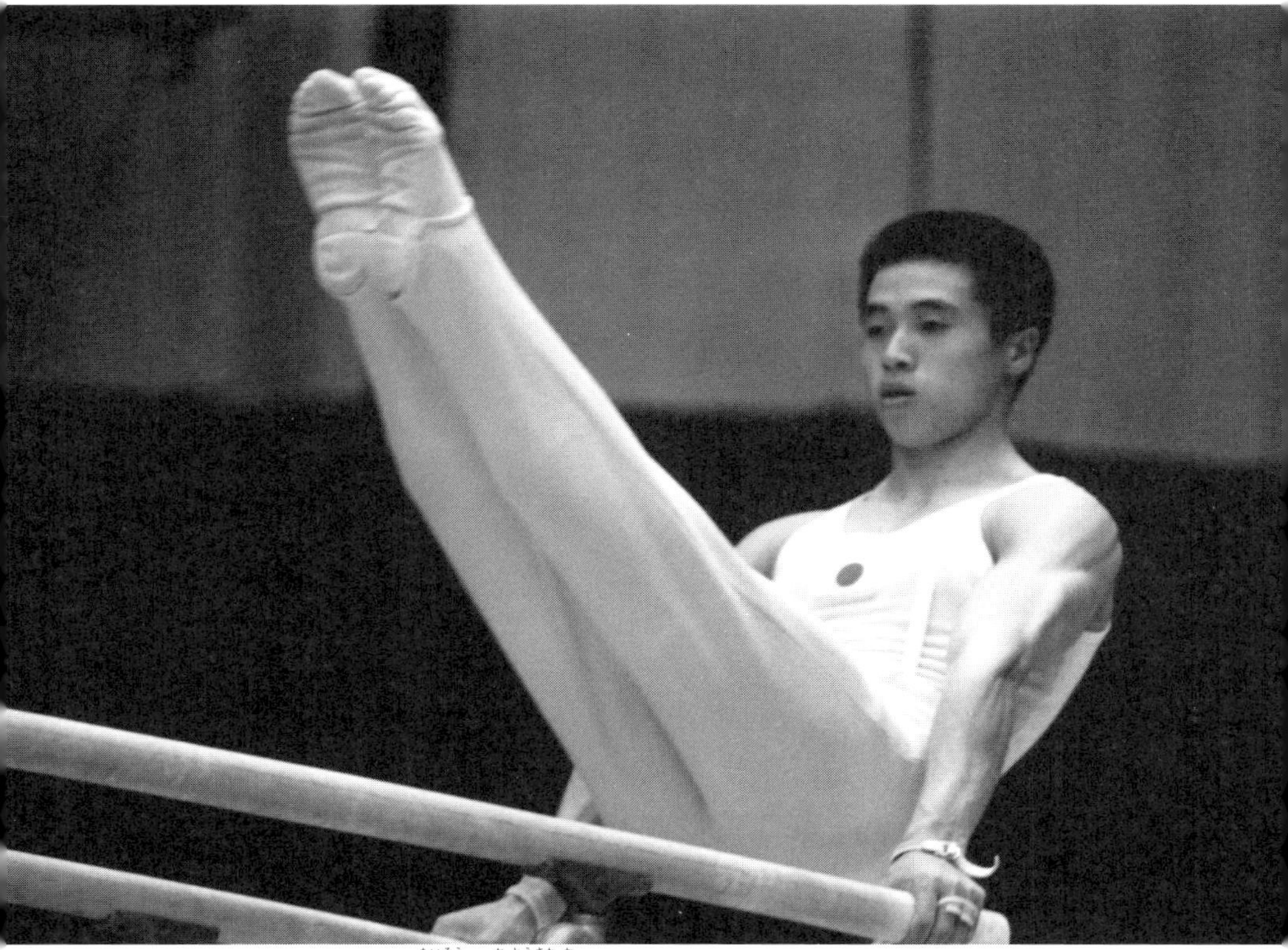

1968年メキシコシティー大会・体操《たいそう》の加藤澤男《かとうさわお》。金メダル獲得数通算8個は日本のトップ。

1 エンブレムはいつからあるの？

大会の特徴《とくちょう》や事情によってことなるデザイン。

IOCによると、大会エンブレムが作られたのは1924年パリ大会から。帆船《はんせん》をモチーフにデザインされたもので、ここにはオリンピックのシンボルマークである5つの輪はえがかれていない。1932年ロサンゼルス大会のエンブレムは、アメリカの国旗をモチーフに、シンボルマークとオリンピックのモットー「より速く、より高く、より強く」もえがかれていた。1936年ベルリン大会のエンブレムは「平和の鐘《かね》」とよばれたが、鐘のなかにえがかれた、ナチスのシンボルであるワシがオリンピックのシンボルマークをわしづかみにしているようなデザイン。1992年バルセロナ大会のものは、〝芸術の都市〟らしく青、赤、黄の3本のラインのみで構成された、芸術的でモダンなデザインだ。

冬季大会のエンブレムでは、1964年と1976年に2度開催《かいさい》されたインスブルック大会のデザインが、それぞれとてもよく似ている。これは、1976年に開催地として予定されていたアメリカのデンバーが開催を返上し、直前にインスブルックが引き受けたためにデザインを練る時間が少なかったためと考えられる。

帆船《はんせん》をデザインした1924年パリ大会のエンブレム。

アメリカ的なデザインの1932年ロサンゼルス大会のエンブレム。

2

2020年東京大会のエンブレムは？

平等であることを強調したデザイン。

２０２０年東京大会のエンブレムは、２０１５年にいったんきまったものの、似たロゴがあるなどの批判《ひはん》をうけて取り下げ。再度選びなおして２０１６年に決定した。デザイナーは野老朝雄《ところあさお》氏。江戸時代に人気のあった市松模様《いちまつもよう》（チェック）と日本の伝統的な藍色《あいいろ》をもちいたデザインで日本らしさを表現している。この市松模様のモチーフは、オリンピック・パラリンピック両方のエンブレムにもちいられ、どちらも、形のことなる３種類の四角形を組み合わせたデザインにすることで「多様性と調和」という東京大会のコンセプトがあらわされている。

　このエンブレムにこめられたメッセージは「みんなちがうから、おもしろい。みんなちがうけれど、つながれる。互いに認《みと》め合い、支え合いながら、ひとつになる時がやって来ます。同じ形、同じ数の四角形でつくられるふたつのエンブレム。それは、すべてが平等である証《あかし》。障《しょう》がいの有無を越えて、あらゆる障壁《しょうへき》を越えて、人と人がつながってゆきます」。このように両方のエンブレムは、オリンピックとパラリンピックが平等であることを強調しているとされている。よく見ると、パラリンピックのエンブレムの付け根には日本の伝統の扇子《せんす》もえがかれている。

東京2020オリンピックのエンブレム。

東京2020パラリンピックのエンブレム。

3

オリンピックのポスターはいつから？

それぞれに歴史を反映《はんえい》しているデザイン。

オリンピックのポスターも、これまでの歴史のなかでさまざまにえがかれてきた。

1896年第1回アテネ大会には、まだ公式のポスターがなかった。パナシナイコスタジアムを背景《はいけい》に少女がオリーブの冠《かんむり》を持っているデザインが知られているが、一説によれば、これは大会の公式報告書のカバーであったようだ。

万国博覧会の付属大会としておこなわれた1900年第2回パリ大会では、陸上、ボート、自転車、フェンシング、体操《たいそう》などをモチーフに複数のポスターが作成された。なかでも女性のフェンシング競技者がえがかれたものが有名だが、じつはこの大会で女子のフェンシング種目は実施《じっし》されていないため、実在しない競技がポスターになっているのがおもしろい。1904年第3回セントルイス大会でも公式ポスターはつくられず、ルイジアナ州商業見本市のポスターが代用された。空から魚眼レンズで見た景色のように会場がえがかれたデザインだ。初めてオリンピック専用のポスターが登場したのは1908年ロンドン大会。シェファードブッシュ・オリンピックスタジアムで走り高跳《たかと》びをする選手がえがかれ、背景にスイミングプールや陸上トラックが見える。

組織委員会の公式ポスターが作成されたのは、1912年第5回ストックホルム大会からである。さまざまな国の国旗がたなびくなかに、古代オリンピックをイメージさせるはだかの選手がえがかれている。初出場の日本の国旗がきちんとえがかれていることにも注目したい。オリンピックのシンボルマークがポスターにえがかれるようになったのは1932年ロサンゼルス大会から。このポスターでは、月桂樹《げっけいじゅ》のふさをもった少年が

「オリンピック休戦」と平和をアピールする、古代オリンピックの要素をこめた絵が立体的に見えるよう工夫されていた。

公式ポスターが複数つくられるようになったのは、1964年東京大会から。1992年バルセロナ大会ではなんと、オフィシャルポスターズ、ペインターズポスターズ、デザイナーズポスターズ、フォトスポーツポスターズという4つのジャンルで合計58枚ものポスターがつくられた。

2000年（ミレニアム）を記念するシドニー大会でもたくさんのポスターがつくられたが、基本となったデザインは、「ミレニアムマン（2000年の人）」。走っている人間、アボリジニの文化の象徴《しょうちょう》であるブーメラン、現代の文化の象徴であるシドニーのオペラハウスを組み合わせて、先住民と白人との和解を表現したものだ。

1932年ロサンゼルス大会のポスター。

1900年パリ大会のフェンシングのポスター。

4

日本の3大会のエンブレムとポスターは？

初めて写真をつかった１９６４年のポスターデザイン。

１９６４年東京大会の公式ポスターは、グラフィックデザイナー亀倉雄策《かめくらゆうさく》氏によって4枚制作された。第1号はエンブレムとしても採用され、そのモダンさで世界から高い評価をうけた。第2号ポスターでは、オリンピックポスターで初めて写真がつかわれた。１００メートル走のスタートダッシュの瞬間《しゅんかん》をとらえた、迫力《はくりょく》あるデザインだ。第3号は、早稲田《わせだ》大学の学生がバタフライをする姿《すがた》をダイナミックな構図でとらえたもの。第4号は聖火《せいか》ランナーのデザインで、順天堂《じゅんてんどう》大学の学生がモデルだった。亀倉氏は、ポスターのはり方にもこだわり、第1〜3号の3点をならべる場合は、中心に第1号ポスター、左に第2号のスタートダッシュ、右に第3号のバタフライを配置し、左の選手たちが太陽に向かってダッシュする構図を大切にした。

１９７２年札幌《さっぽろ》冬季大会にむけては、１９６８年から毎年1枚ずつ、合計4枚の公式ポスターが制作された。第1号ポスターには、上部に大会エンブレムを配し、まん中に英字のロゴ、その下に雪をいただいた山とスケートリンクをえがいている。デザイナーは河野鷹思《こうのたかし》氏。第2号、第3号は亀倉雄策氏の作品で、それぞれダウンヒル（滑降《かっこう》）のスキーヤーと女子フィギュアスケーターの写真をもちいている。第4号ポスターは、細谷巖《ほそやがん》氏の作。青地の背景から「ＳＡＰＰＯＲＯ１９７２」の文字が浮き出たデザインだ。この大会のエンブレムは、２０２０年東京大会エンブレムの審査員《しんさいん》にもなった永井一正《ながいかずまさ》氏がデザインしている。

１９９８年長野冬季大会のポスターは13枚つくられた。第1号は、夜明けの信州《しんしゅう》の雪山を背景に、1羽のツグミがスキーのストックを止まり木にしている、凛《りん》とした空気と静けさが伝わってくるデザイン。青葉益輝《あおばますてる》氏の作品で、長野大会の「自然との調和」というテーマを表現している。そのほか、絹谷幸二《きぬたにこうじ》氏による7枚の種目別のポスターなども制作された。長野大会のエンブレムは、オリンピックカラーよりも多い６色がもちいられた６枚の花びらに冬季競技の絵柄《えがら》がデザインされたもの。「スノーフラワー」とよばれた。

1964年東京大会の第２号ポスター。

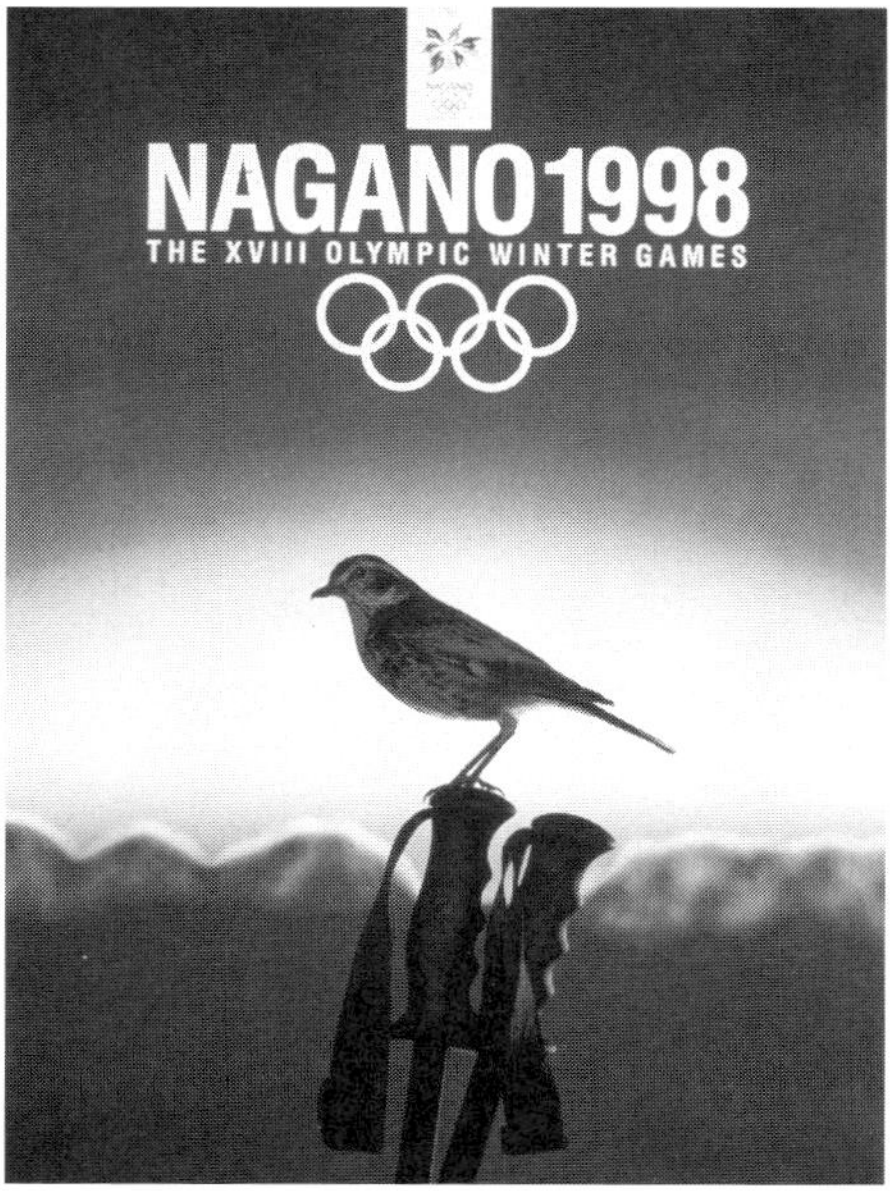

1998年長野冬季大会の第１号ポスター。

1972年札幌《さっぽろ》冬季大会の第１号ポスター。

5

文化プログラムのポスターもある？

より芸術的になった「芸術」のためのポスターデザイン。

1912年ストックホルム大会で「芸術競技」としてはじまり、1952年ヘルシンキ大会から「芸術展示《てんじ》」として引きつがれ、1992年バルセロナ大会から開催《かいさい》都市や世界の文化を紹介するプログラムとして開催されている「文化プログラム」。そこでもポスターが制作されている。バルセロナ大会では、ブーケを持つ手がモチーフのカラフルなデザインで、「文化オリンピアード」と書かれたポスターがつくられた（119ページ参照）。

1998年長野冬季大会の「文化プログラム」のポスターは、世界的な画家である東山魁夷《ひがしやまかいい》氏がえがいた「冬華」という名のすばらしい作品である。

「芸術展示」時代にも、ポスターがつくられた大会がある。山城隆一《やましろりゅういち》氏による1964年東京大会のポスターは、日本の伝統の扇子《せんす》を1本えがいたシンプルなデザインだった。

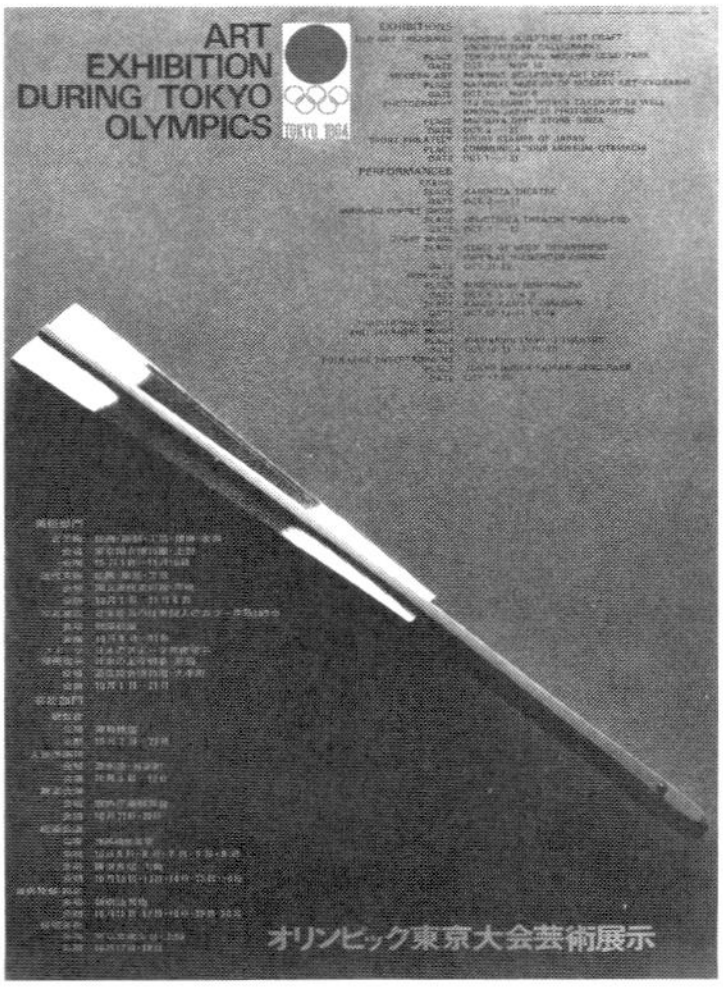

1964年東京大会の芸術展示のポスター。

1998年長野冬季大会の文化プログラムのポスター。

第4部

さまざまなオリンピック

1 YOGってどんな大会？

スポーツだけではない。世界の若者が学び、交流する大会。

みなさんは、「10代の若者《わかもの》のためのオリンピック」があることを知っているだろうか？

「近代オリンピックの父」クーベルタンは、スポーツと文化・芸術を通じた若者の人間形成を理想としていた。その思いを実行にうつそうと、IOCのジャック・ロゲ第8代会長が発案し、実現したのが「ユースオリンピック（YOG）」だ。この大会のモデルは、1990年に「ヨーロピアン・オリンピック・デイズ」としてはじまり、その後「ヨーロッパ・ユースオリンピック・フェスティバル」として1年おきに開催《かいさい》されていたものだ。

そして2010年、第1回シンガポールYOG大会が盛大に開催された。それ以来、大会は4年ごとにおこなわれている。2012年には第1回インスブルック冬季YOG大会も開催された。

YOGは、世界中の若者たちのスポーツばなれをくいとめ、若者たちがスポーツ競技だけでなく文化交流をしながら、オリンピズムやアンチドーピングなどについて学ぶことを目的とした大会だ。

参加するのは、15～18歳《さい》（開催年の12月31日時点で）の若いオリンピアンたち。開催期間中は選手全員が選手村に滞在《たいざい》しながら、競技だけでなく「ラーン＆シェア（学んで共有しよう）」とよばれる文化と教育プログラムを中心としたさまざまな活動や交流をおこなう。

2012年第1回インスブルック冬季YOG大会のロゲIOC会長。

2

どんな人たちが参加した？

将来《しょうらい》のオリンピック金メダリストも活躍《かつやく》。

ユースオリンピック（YOG）では、1つの国・地域《ちいき》ごとに4人、可能なら男女2人ずつの参加が条件とされている。YOG出場者で、のちにオリンピックで活躍《かつやく》する選手は少なくない。2010年第1回シンガポールYOG大会では、トライアスロンの佐藤優香《さとうゆか》が金メダル大会第1号となった。2012年第1回インスブルック冬季YOG大会では、高梨沙羅《たかなしさら》がスキージャンプで優勝《ゆうしょう》し、フィギュアスケートの宇野昌磨《うのしょうま》も2位。2014年第2回南《ナン》京《キン》YOG大会では柔道の男子66キロ級で阿部一二三《あべひふみ》が金メダル、競泳男子200メートル平泳ぎで渡辺一平《わたなべいっぺい》が金メダル、バドミントンで山口茜《やまぐちあかね》が銀メダル、2016年第2回リレハンメル冬季YOG大会ではフィギュアスケートで山本草太《やまもとそうた》が金メダルを獲得《かくとく》している。

大切なのは競技結果だけではない。夏季大会は12日間、冬季大会で10日間、さまざまな国の選手が一緒《いっしょ》に暮《く》らして友情を深め異文化《いぶんか》を理解し合うという体験は、かけがえのないものとなる。しかしYOG夏季大会は8月に開催《かいさい》されるため、日本国内ではインターハイなどの有力大会と時期がかぶり、参加選手がかぎられてしまっているのが現状である。

佐藤優香《さとうゆか》選手たちと筆者（2010年第1回シンガポールYOG大会）。

3 最初の大会はどんな大会になった？

最大の特徴《とくちょう》は、新しい競技方式と文化と教育プログラム。

２０１０年８月14日～26日の日程で開催《かいさい》された第１回シンガポールＹＯＧ大会では、２０４の国と地域《ちいき》から選手が参加。国内政治の問題でＩＯＣから出場を停止《ていし》されていたクウェートからは、選手が個人の資格で参加した。参加人数は３５２４人（男子１８４６人、女子１６７８人）。大会テーマは、「新しい道の開拓《かいたく》」。マスコットは「レオ」と「マーリー」という、シンガポールのライオン伝説と、国のシンボルであるマーライオンにちなんだキャラクターだ。

実施《じっし》された競技は、26競技２０１種目。バスケットボールの新種目「３オン３」や複数参加国の混成チーム（ＮＯＣミックス）、男女混合競技、大陸間対抗《たいこう》など、オリンピックではまだおこなわれていない新しい競技方式が取り入れられた。

また、この第１回大会では、すでにオリンピックでは禁止《きんし》されている五大陸をまわる国際聖火《せいか》リレーが実施された。それは、「開催国内限定ルートを推奨《すいしょう》する」とＩＯＣが取り決める（61ページ参照）前にこのリレーの実施が決められていたため、そして、第１回ＹＯＧ大会の開催を記念するためでもあった。

大会の目玉は、「文化と教育プログラム（ＣＥＰ）」（※現在は「ラーン＆シェア」とよばれている）。シンガポールＹＯＧ大会では、次の５つのテーマをかかげてＣＥＰをおこなった。「オリンピズム」「技能の向上」「健康なライフスタイル」「社会的責任」「表現」である。このテーマを実現させるために、７つの学習プログラムが用意された。「チャンピオンとの対話」「人生の発見」「世界の文化村」「コミュニティ活動」「アートと文化」「アイランドアドベンチャー」「探検《たんけん》旅行」である。「世界の文化村」は、各国の文化をシンガポールの交流校の生徒たちが紹介するプログラム。「アートと文化」では、地元シンガポールの文化を選手村内で体験することができた。また、オリンピズムの3本柱のひとつである、環境《かんきょう》について学ぶプログラムも準備され、海水を淡水《たんすい》にする施設《しせつ》の見学や、緑化プログラムなどがおこなわれた。

YOGにはスポーツ選手のほか、将来《しょうらい》のジャーナリストを育てる訓《くん》練《れん》プログラムに参加するヤングレポーター29人、選手たちの世話役となるヤングアンバサダー29人、アスリートロールモデル47人、ボランティア約2万人が参加した。

残念ながら日本からはヤングアンバサダーとヤングレポーターは派遣《はけん》されなかったが、アスリートロールモデルとしてテニスの杉山愛《すぎやまあい》選手が選ばれ、参加している。

第1回シンガポールYOG大会の開会式。

4

国をこえる競技とは？

競技が国どうしの戦いではなくなる。

ユースオリンピック（ＹＯＧ）では、メダルの色や数は重要ではない。そのことを強調するために、各国の選手たちが一緒《いっしょ》にチームをつくって競技をするような方式を取り入れている。これによって、国どうしのメダル獲得《かくとく》競争が無意味になる。また、優勝《ゆうしょう》チームを表彰《ひょうしょう》するときには、国旗ではなくオリンピック旗が、国歌ではなくオリンピック賛歌の演奏がおこなわれている。

たとえば２０１０年シンガポールＹＯＧ大会では、柔道《じゅうどう》とトライアスロンと馬術が大陸混合の団体戦を実施《じっし》している。２０１４年南京《ナンキン》ＹＯＧ大会のフェンシングでも、大陸混合の団体戦がおこなわれ、江村《えむら》・宮脇《みやわき》の日本選手がアジア・オセアニア連合第１チームとして金メダルを獲得した。

男女混合でおこなうジェンダーミックス競技は、テニス、卓球《たっきゅう》、バドミントンなどすでに親しまれている混合ダブルス競技だけでなく、陸上、水泳、サイクリング、トライアスロンでもおこなわれている。

大陸混合とジェンダーミックスのダブル複合競技も実施されている。２０１２年インスブルック冬季ＹＯＧ大会のフィギュアスケートでは、団体戦として男子シングルの宇《う》野《の》昌《しょう》磨《ま》、女子シングルのアメリカ選手、ベラルーシのアイスダンスペアがチームを構成し、金メダルを獲得した。冬季ではバイアスロン、カーリング、リュージュ、スケート、スキーでＮＯＣとジェンダーミックスのダブル複合競技が取り入れられている。

また、若者《わかもの》の間で人気の高いスポーツを多く競技に取り入れているのもＹＯＧの特徴《とくちょう》だ。２０１０年第１回シンガポールＹＯＧ大会では３オン３（バスケットボール種目）が、２０１２年第１回インスブルック冬季ＹＯＧ大会ではスキーのハーフパイプやスノーボードのスロープスタイルが、２０１６年リレハンメル冬季ＹＯ

Ｇ大会ではスキーのスロープスタイル、チームスキースノーボードクロス、２０１８年ブエノスアイレスＹＯＧ大会ではＢＭＸのフリースタイル、カイトボードなど、新しいスポーツがつぎつぎに採用されている。また、

第１回シンガポールYOG大会でおこなわれたバスケットボールの３オン３。

より身近なスポーツを競技にする試みとして、第２回南京ＹＯＧ大会では、ことなる国・地域《ちいき》の男女混合でおこなう８×１００メートルリレーが注目された。これは競泳のリレーのように直線コースを走り、対面でバトンパスをしてリレーするという変わった種目だ。

先にＹＯＧで取り入れられ、のちにオリンピックの本大会で採用される競技もある。２０１６年リオデジャネイロ大会で実施されたゴルフや７人制ラグビーは、２０１４年南京ＹＯＧ大会で実施されたものだ。第１回冬季ＹＯＧからアイスホッケーのスティックワークやスピード、敏しょう性などを競う「スキルチャレンジ」という競技が実施されているが、こういった新しい競技がオリンピックでも見られることになるのか、注目したい。

5

競技以外にどんなことをしている？

とても大事な文化と教育プログラム「ラーン＆シェア」。

ユースオリンピック（YOG）では、「ラーン&シェア（学んで共有しよう）」とよばれる文化と教育プログラム（CEP）を大切にしている。これはクーベルタンの理想を出発点とした、「スポーツを文化と教育と融合《ゆうごう》する」というオリンピズムの考え方によるものである。

テーマは各大会でかかげられるが、内容は「フェアプレー」「安全とけがの防止」「アスリートのキャリアプログラム」「チームビルディング」「環境《かんきょう》プログラム」「映像《えいぞう》発信」「メディアトレーニング」などだ。具体的なプログラムには、「ウェルカムセッション（歓迎《かんげい》プログラム）」「世界文化村」「料理教室」「チャンピオンと語ろう」「アスリートロールモデルラウンジ」「文化プログラムワークショップ」「オリンピズムの展示《てんじ》」などがある。

コーチのためのプログラムも用意されている。それは選手だけでなく、コーチや指導者《しどうしゃ》たちも学び、その学びをみずから広めていくことを重視しているからだ。

これらのプログラムは多くの組織にサポートされている。た

第１回シンガポールYOG大会のCEP環境《かんきょう》プログラムを学ぶ各国の選手たち。日本選手の姿も見える。

とえば、WADA（世界アンチドーピング機構）、国際オリンピック・アカデミー、国際オリンピック休戦センター、国際フェアプレー委員会、国際赤十字《せきじゅうじ》・赤新月社連盟《せきしんげつしゃれんめい》、国連合同エイズ計画、ユニセフ、国連環境計画（UNEP《ユネップ》）など。「ラーン&シェア」でのさまざまな体験を通して、ヤングオリンピアンの教育がおこなわれているのだ。2012年インスブルック冬季YOG大会からは、この「ラーン&シェア」を重視する精神を遺伝《いでん》子《し》として引きつごうという意志のあらわれとして、大会ロゴマークに「YOGDNA」というロゴがつけくわえられた。

　同じようにYOGならではの取り組みである、ヤングレポーター、ヤングアンバサダー、アスリートロールモデルについても紹介したい。ヤングアンバサダーは18歳《さい》から25歳の若者《わかもの》で、各国・地域《ちいき》のオリンピック委員会の一員として大会に参加し、YOGの参加選手たちを世話するとともに、ラーン&シェアへの参加をうながし、YOGの精神を若《わか》いオリンピアンに広める役割をはたす。アスリートロールモデルでは、現役またはリタイア直後のオリンピアンが若いオリンピアンにアドバイスをしたり、「ラーン&シェア」に参加したりする。ヤングレポーターは18歳から24歳のジャーナリストで、写真、ライター、ソーシャルメディア、テレビ関係など、スポーツジャーナリズムに関するトレーニングプログラムに参加する。これまで日本からはこのようなYOGプログラムへの参加は少ないが、みなさんにはぜひ積極的に参加していただき、貴重《きちょう》な体験をしてほしい。

YOGのCEPに参加した選手たちのサイン。日本選手のサインもある。

第13章　文化プログラム

1 オリンピックで芸術も競技したってほんと？

スポーツと芸術によるバランスのとれた人間をめざした。

1904年、クーベルタンは次のようにうったえた。「新しい一歩を進め、オリンピアードを本来の美の姿《すがた》に復旧するときがきた。オリンピアの偉大《いだい》なる時代、（中略《ちゅうりゃく》）スポーツと調和して芸術と文学がオリンピアの芸術競技を偉大なものにしていた。今後、同じ姿にしなければならない」。かんたんにいえば、スポーツと芸術を通してバランスのとれた人間になってほしいという、もともとクーベルタンがもっていた理想をオリンピックで実現したいといううったえである。1906年、クーベルタンは「芸術と文学によるオリンピアード改革《かいかく》」と名づけた会議を開催《かいさい》し、約30人の芸術家たちも参加して、芸術競技の考えを広めた。

彼の構想が実現したのは、1912年ストックホルム大会。建築、彫刻《ちょうこく》、絵画、文学、音楽の5部門が正式な競技としておこなわれた。1936年ベルリン大会では、日本人が芸術競技で初めてメダルを獲得《かくとく》した。絵画部門で藤田《ふじた》隆治《りゅうじ》が『アイスホッケー』、水彩画《すいさいが》部門で鈴木朱雀《すずきすじゃく》が『古典的競馬』という作品を出品し、それぞれ銅メダルにかがやいた。

藤田隆治《ふじたりゅうじ》の『アイスホッケー』。

鈴木朱雀《すずきすじゃく》の『古典的競馬』。

2

メダルをとった芸術作品が日本にある？

日本も2個の銅メダルを獲得《かくとく》している。

１９３６年ベルリン大会の芸術競技で銅メダルをとった藤田隆治《ふじたりゅうじ》、鈴木朱雀《すずきすじゃく》の作品は、残念ながら第二次世界大戦中に焼失し、現在は写真が残されているのみである。藤田隆治の『アイスホッケー』のカラー図版が学習院《がくしゅういん》女子大学で公開されたことがあるが、これはかつて『オリンピック・レビュー』誌《し》に掲載《けいさい》された図版をルドルフ＝ヘルマン・アイゼンメンガー氏が保存《ほぞん》していたものだ。

日本の秩父宮《ちちぶのみや》記念スポーツ博物館の所蔵品には、日本人以外の芸術競技メダリストの作品がある。１９３６年大会の絵画部門で銀メダル（金メダルは該当者《がいとうしゃ》なし）を獲得《かくとく》した、右にのべたオーストリアのアイゼンメンガーの作品『ゴールするランナーたち』である。この作品は洗浄《せんじょう》・修復され、２０１６年、77年ぶりに学習院女子大学で公開された。『ゴールするランナーたち』の公開時には、同じ大会に出品した畑正吉《はたしょうきち》のブロンズ像『スタート』も展示《てんじ》された。秩父宮記念スポーツ博物館ではこのほか、２点のベルリン大会金メダル作品のレプリカを所蔵している。ドイツのエミール・シュトールのレリーフ『ハードル走者』、イタリアのファルピ・ヴィニョーリのブロンズ像『御者像《ぎょしゃぞう》』である。

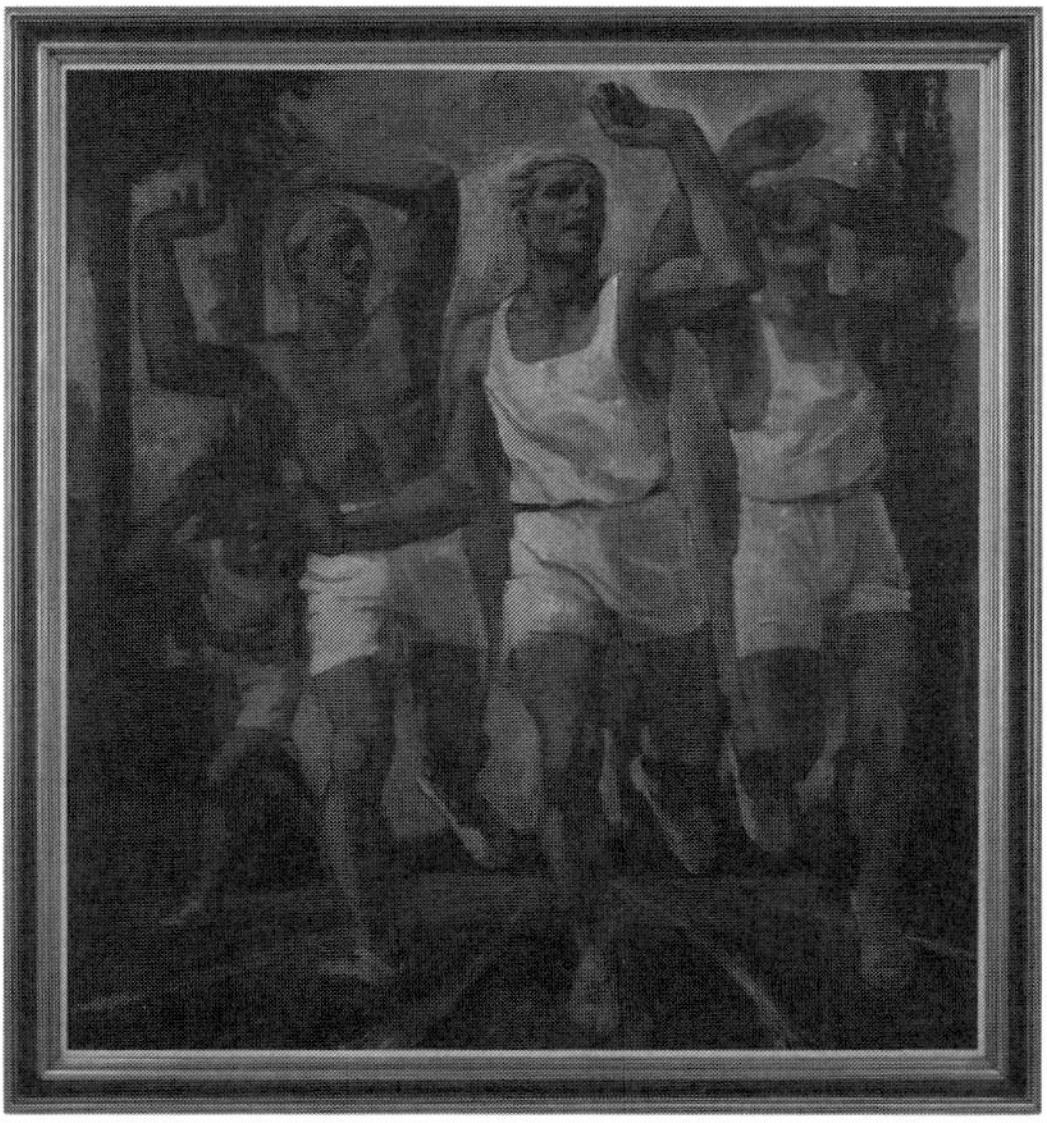
アイゼンメンガーの『ゴールするランナーたち』。

3

「芸術展示《てんじ》」に変わったのは？

芸術の審査《しんさ》はむずかしい。世界から高く評価された日本の芸術展示《てんじ》。

1912年ストックホルム大会から始まった「芸術競技」だが、さまざまな問題をかかえていた。まず、芸術家の多くはプロとして生計をたてているため、オリンピックの参加資格がアマチュアだけに限られていた当時、このことが大きな問題になった。また、大会をかさねるにつれ、出品される作品もマンネリ化してきたといわれる。さらに、大がかりな作品の輸送のむずかしさや作品の審査《しんさ》のむずかしさも手伝って、IOCは1948年ロンドン大会を最後に競技としておこなうことをやめ、作品を展示《てんじ》するのみの「芸術展示」へと変えられたのである。

このようにして、1952年ヘルシンキ大会では芸術展示がおこなわれた。IOCは本当は芸術競技に戻《もど》したかったが、準備が間に合わず断念したといわれている。

1964年東京大会の芸術展示では、次のように目的がさだめられた。「1. 展示は日本の芸術に限定する。すなわち、日本芸術の広い分野にわたり、絵画、彫刻《ちょうこく》、音楽、写真、建築、郵便《ゆうびん》切手をふくむ。2. 展示はス

1964年東京大会の展示作品。野々村仁清《ののむらにんせい》『色絵吉野山《いろえよしのやま》図茶壺《ずちゃつぼ》』。

ポーツに関係するものに限定しない。すなわち、古代近代を通じ次のとおり全分野にわたり、日本最高のものを展示する。A．古美術、B．近代美術、C．伝統芸能―歌舞伎《かぶき》・文楽《ぶんらく》・能《のう》・雅楽《ががく》等、D．民俗舞踊《みんぞくぶよう》、茶道《さどう》、華道《かどう》」。また、「展示は日本古来の伝統芸術を内外に示すことを使命とし、その題材もスポーツ芸術に限定しないで広い芸術の分野にわたり、日本最高のものを展示することにした」。

１９７２年札幌《さっぽろ》冬季大会の芸術展示は、毎年おこなわれているさっぽろ雪まつりを組み入れ、日本の伝統芸術と世界の芸術をとりまぜて開催《かいさい》された。たとえば、浮世絵名作展《うきよえめいさくてん》、冬季オリンピック展、北の民《みん》謡《よう》と舞踊《ぶよう》、日本近代絵画展、世界の子供絵画展、NHK交響楽団《こうきょうがくだん》演奏会、ミュンヘンフィルハーモニー演奏会、歌舞伎や能・狂言《きょうげん》の上演、バレエ『白鳥の湖』の上演などであった。

1972年札幌《さっぽろ》冬季大会の芸術展示《てんじ》のポスター。

文楽《ぶんらく》・人形浄瑠璃《にんぎょうじょうるり》『熊谷陣屋《くまがいじんや》』。

４ いつから文化プログラムになったの？

大成功した２０１２年ロンドン大会のプログラム。

１９９２年バルセロナ大会から、「芸術展示《てんじ》」は「文化プログラム」へと名前を変えた。参加選手や人々がおたがいを理解し合い、友情を深めるために、芸術や開催地《かいさいち》の文化を広く紹介するのがその目的である。また、「前大会終了《しゅうりょう》後から４年間」にわたってプログラムをおこなう場合があり、この４年間をさして「文化オリンピアード」とよぶようになった。ちなみに、通常、オリンピアードとは「競技大会開催からはじまる４年間」をさすが、文化オリンピアードは「競技大会開催の前の４年間」となる。

１９９８年長野冬季大会では、１年前の１９９７年２月７日から文化プログラムを実施《じっし》した。「ひとつの地球にひとつの心」を統一テーマにした「長野オリンピック文化・芸術祭」は、音楽、展覧会《てんらんかい》、伝統芸能・伝統文化、フォーラム、フェスティバルともりだくさんの内容。日本文化の紹介にとどまらず、世界各国との文化交流もめざすものであった。

２００８年北京《ペキン》大会では、年ごとにちがうテーマをさだめて文化プログラムが実施され、芸術祭、文化フォーラム、フェスティバル、国際会議などがおこなわれた。

これまでの大会でもっとも成功した文化プログラムは、２０１２年ロンドン大会のものだといわれている。「一生に一度きり」というテーマで４年間実施され、イギリスのだれもが参加できるようなチャンスをたくさん用意していた。参加アーティストは、２０４の国・地域《ちいき》から４万４６４名。イベント数は17万７７１７件。これらがイギリスの１０００ヵ所以上で実施され、４３４０万人もの人々が参加した。大会期間中は「ロンドン２０１２フェスティバル」として実施され、２万５０００名のアーティストが参加した。音楽、演劇《えんげき》、ダンス、美術、文学、映画《えいが》、ファッションなどさまざまなジャンルでパフォーマンスをおこなったが、そのなかには、障《しょう》がいのあるアーティスト806名もふくまれていた。

一方、残念だったのが2016年リオデジャネイロ大会の文化プログラムである。「セレブラ（お祭り）」というよび名がつき、ロゴマークが準備され、すべてのイベントをまわることができる「文化パスポート」まで用意されたにもかかわらず、直後にせまった市長選挙のために中止されてしまったのだ。その理由は、現職の市長が選挙期間中に市民に文化面のサービスをすることになり、それが選挙を有利にしようとする「饗応《きょうおう》（接待）」にあたるとされたためであった。次期開催都市東京のブースは展示された。

1992年バルセロナ大会の文化プログラムのポスター。

5

文化プログラムの本当のねらいとは？

異文化《いぶんか》を理解し平和な社会を築くため。

クーベルタンが構想したように、芸術競技や文化プログラムは、アスリートたちの心身の調和を目的としておこなわれてきた。文化プログラムが初めて実施《じっし》された１９９２年バルセロナ大会時のオリンピック憲章《けんしょう》には、「このプログラムは、オリンピック大会に参加した選手や関係者の協調的な人間関係を促進《そくしん》し、相互《そうご》理解と友情をはぐくむために提供《ていきょう》されなければならない」とさだめられていた。このことから、参加選手と関係者のために準備されるものであり、自国文化の発信を中心としたものではなく、おたがいに異《こと》なる文化の理解をふかめ、友情をはぐくんで平和な世界をつくるためのプログラムであったことがわかる。

しかし、現在のオリンピック憲章第39条では、「ＯＣＯＧ（組織委員会）は少なくともオリンピック村の開村から閉村までの期間、文化イベントのプログラムを催《もよお》すものとする。そのようなプログラムはＩＯＣ理事会に提出し、事前に承認《しょうにん》を得なければならない」（２０１７年ＪＯＣ訳《やく》版）とさだめられているのみである。この表現では、いったいだれのために文化プログラムが開催《かいさい》されるかがよくわからない。

２００８年北京《ペキン》大会では、文化プログラム開始のときの目的どおり、異文化《いぶんか》理解を含めたプログラムがおこなわれた。たとえば、ギリシャと中国の芸術家たちが協力して「平和に関する作品」を制作し、北京市内に展《てん》示《じ》したのち、翌年《よくねん》にはそれをアテネ市内で展示するといった相互交流もおこなわれた。２０１８年平昌《ピョンチャン》冬季大会でも、Ｋポップ、食文化など韓国《かんこく》文化の発信のみならず、インターナショナル・ミュージック・フェスティバルなど世界にまたがった文化イベントがおこなわれた。「韓日中《かんにっちゅう》オリンピックカルチャーロード」と名づけられた、韓国《かんこく》・日本・中国３ヵ国の伝統芸能の競演をはじめとする共同のプログラムも実施《じっし》された。さらに、「Ｄ

ＭＺ（非武装地帯《ひぶそうちたい》）アートフェスタ」の実施など、平和メッセージを発信するイベントも開催された。

２０２０年４月から開始が予定されている２０２０年東京大会の文化プログラムでも、日本文化発信中心主義で観光立国をめざすような内容ではなく、異文化理解にもとづいた平和な社会の建設をめざすプログラムを実施する必要がある。ただし、現在発表されている「東京２０２０ＮＩＰＰＯＮフェスティバル」という名称《めいしょう》では、日本文化中心になりかねず、世界に開かれたプログラムになるかどうかに多少の不安が感じられる。

2018年平昌《ピョンチャン》冬季大会の文化プログラム「韓日中オリンピックカルチャーロード」の公演パンフレット。

1 「グリーンオリンピック」はいつから？

「オリンピズムの3本柱」は「スポーツ」「文化」「環境《かんきょう》」。

ここではオリンピズムの3本柱のうち「環境《かんきょう》」についてふれよう。

オリンピズムの3つめの柱として「環境」が発表されたのは、1994年のIOC100周年記念総会。この年に開催《かいさい》されたリレハンメル冬季大会から環境への配慮《はいりょ》がはじまった。冬季大会ではとくに、スキー場の開発や競技会場の新設などが自然をこわしかねないため、「環境」がキーワードになる。国連の「環境と開発に関する世界委員会」による1987年報告書『我ら共有の未来』で、環境保護が強くうったえられた時代でもあった。リレハンメル大会は、じゃがいもでつくった食器、自然に配慮したグリーンオフィス、グリーンホテルを整備する、などの取り組みから「初めてのグリーンオリンピック」とよばれた。

1998年長野冬季大会では、基本テーマに「美しく豊かな自然との共存《きょうぞん》」をかかげ、リサイクルなどで環境に配慮した大会をめざした。2000年シドニー大会でも、汚染《おせん》されていた場所を浄化《じょうか》してオリンピック公園をつくるなど「グリーンオリンピック」にとりくんだ。

1964年東京大会で世界中の樹木《じゅもく》を集めた「樹木見本園」がつくられたのも、環境プログラムのさきがけとして知っておきたい。「樹木見本園」はりっぱに成長し、今でも代々木《よよぎ》公園の一角をしめている。

世界22カ国24種類の種子が植えられた、東京・代々木《よよぎ》公園の「樹木《じゅもく》見本園」。

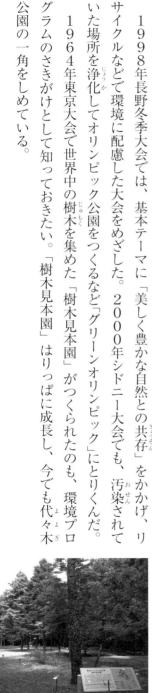

2

リオデジャネイロ大会の「環境《かんきょう》」は？

閉会式《へいかいしき》まではよかったが……。

1992年にリオデジャネイロで開催《かいさい》された地球サミットで「アジェンダ21」（環境保全計画《かんきょうほぜんけいかく》）が採択《さいたく》されたという縁《えん》もあり、2016年リオデジャネイロ大会も、環境への配慮《はいりょ》をうち出した大会となった。

まず、ブラジルの豊富な植物をあらわしたパラリンピックのマスコット「トム」は、ジャングルの乱開発に抵抗《ていこう》する自然の象徴《しょうちょう》。開会式は「自然、多様性、喜び」をテーマに実施《じっし》された。入場行進では、鉢植《はちう》えの樹木《じゅもく》を持った子どもに先導され、各国の選手たちが樹木の種を手にして行進した。この種はフィールド内の特殊《とくしゅ》な容器に植えつけられ、この容器が開いて緑色のオリンピックのシンボルマークをつくる――これが開会式のハイライトシーンだ。この5つの緑の輪は、閉会式《へいかいしき》では大木に成長するという演出で観客をわかせた。競技で使用するメダルにも、水銀をもちいずに金を精錬《せいれん》し、リサイクルされた銀も使用して金メッキをかけるなどの工夫がほどこされた。

しかし、大会終了後《しゅうりょうご》には多くの問題がのこった。新設されたゴルフ場もふくむ競技会場がうまく活用されず、手入れもなされなかったため荒《あ》れはててしまったのだ。これでは結果的に、「環境に配慮できていなかった」といわざるをえない。

2016年リオデジャネイロパラリンピック大会のマスコットは緑色の「トム」。

3

長野冬季大会の「環境《かんきょう》」は？

むずかしい環境《かんきょう》保護とスポーツとの両立。

1998年長野冬季大会でかかげられた環境《かんきょう》スローガンは、「守りたい　水のささやき　風の歌」。大会のためのあらたな開発を限りなくへらし、動物たちのいとなみに配慮《はいりょ》し、地形や自然のサイクルをまもる工法を使用するとともに、さまざまなリサイクルを取り入れた。これらは、組織委員会の基本テーマ「美しく豊かな自然との共存《きょうぞん》」にもとづくとりくみであった。

その例を紹介しよう。滑降《かっこう》コースは当初、志賀高原《しがこうげん》の岩菅山《いわすげやま》につくる予定だったが、オオタカの生息地であることがわかったため八方尾根《はっぽうおね》に場所をうつした。新たなコースでも、国立公園内にあるスタート地点では工作物をつくらない、雪面硬化剤《せつめんこうかざい》を使わない、観客を入れないなどの配慮をして、環境をこわさないようにした。

リサイクルの例としては、志賀高原スキー場ではペットボトルを活用してコースづくりをする、選手村やメインプレスセンターではリンゴジュースのしぼりかすをもちいた食器（161ページ参照）を利用するなど、さまざまな工夫があった。

だが、環境破壊《はかい》をふせぐための工夫が裏目に出てしまったものもある。ボブスレー・リュージュの会場となった「スパイラル」は、自然の地形をできるだけ変えないよう工夫するとともに、コースの氷づくりではフロンではなくアンモニアを使用し、間接冷却《かんせつれいきゃく》方式を採用して、環境に負担《ふたん》をかけないようにした。しかし、この設計は結果的に山全体の緑をうばうこととなり、また現在ではコースとして使用されることもなくなった。このほか、長野市内の中心部とジャンプ会場などがある白馬村《はくばむら》を結ぶために、森林を切り開いてつくられた「オリンピック道路」の利用客は、現在それほど多くない。

じつは、1994年リレハンメル冬季大会から、冬季大会どうしの〝環境メッセージのリレー〟もおこなわれている。リレハンメル冬季大会閉会式《へいかいしき》で、1998年長野冬季大会に向けて環境メッセージが出発した。筒《つつ》に入ったメッセージは、石油、石炭などの化石燃料《かせきねんりょう》をもちいない方式として、犬ぞりでシベリアを横断した。その途中《とちゅう》、氷がとけて犬ぞりが使えず、残念ながら飛行機が使われたこともあったが、シベリアを抜けるとヨットや自転車などをもちいてはこんだ。このようにして、4年間をかけて環境メッセージが長野に到着《とうちゃく》した。この環境保護の草の根メッセージリレーは、その後も長野から2002年ソルトレークシティ、そして2006年トリノまで、人々の手によって化石燃料を使わずにとどけられた（160ページ参照）。

1998年長野冬季大会でボブスレーなどの競技がおこなわれた「スパイラル」。

4 新国立競技場はどうなった？

2020年東京大会のメインスタジアムの環境配慮《かんきょうはいりょ》はどうなる？

国立競技場の建てかえ計画は、2020年東京大会が決まる前から動きだしていて、建築デザインのコンクールはすすめられていた。だが、最初（2012年）に決まったデザインがとりやめになり、2015年に選びなおされた結果、隈研吾《くまけんご》氏のデザインに決定した。このときにも「環境《かんきょう》」というキーワードが大きくかかわっている。

当初、公募《こうぼ》で決まったイギリス在住のイラク人建築デザイナー、ザハ・ハディド氏の斬新《ざんしん》なデザインが取りやめになった理由は、「経費がかかりすぎる」ことにくわえて「まわりの環境とのマッチング」にあった。新国立競技場の建設地は、約100年をかけて育った明治神宮外苑《めいじじんぐうがいえん》の緑のなか。ここに巨大《きょだい》な人工物の競技場をつくることへの反対運動が根強くおこなわれていて、より環境配慮《はいりょ》を重視した設計がのぞまれたのだ。

そして新たに決定したデザインのコンセプトは、「杜《もり》のスタジアム」。国産の木材を多く使用し、日本の気候・風土・伝統をふまえ、明治神宮外苑の森にとけこむ「木と緑のスタジアム」とされている。

発表されたデザインは、杉の縦格子《たてごうし》でつくられた軒《のき》とひさしでやわらかな日陰《ひかげ》をつくり、日本の伝統的なあかりであるぼんぼりや灯籠《とうろう》をモチーフに照明を演出する「日本らしさが感じられる和のデザイン」。「外苑の緑と水とスポーツのネットワークをつなぐ」というコンセプトのもと、市民がくつろげる屋上空間「空の杜」や、四季の緑の変化を楽しめる「大地の杜」も設計されている。

人々が利用しやすいつくりであることも重要だ。新国立競技場では、障《しょう》がい、年齢《ねんれい》、国籍《こくせき》にかかわらず、さまざまな利用者が安心して快適に観戦できるようユニバーサル・デザインにもとづいて設計がおこなわれてい

新国立競技場完成予想図。（大成建設・梓設計・隈研吾建築都市設計事務所JV）

る。スロープの設置はもちろんのこと、さまざまな利用者を想定した5つのタイプのトイレの設置や、全エリアで車いす使用者が観戦できる設計も画期的だ。

ただし、問題点もすくなくない。全天候型のドームスタジアムではないため、空調が完備されておらず、暑さ対策が大きな課題となっている。さらに、ほとんどふたをされていた渋谷川《しぶやがわ》を表に出すことで、水冷機能により空間を冷たくするという提案があったが、それが採用されなかったために、スタジアム近辺の暑さをどうやわらげるかも悩みの種である。

この新国立競技場は、オリンピックでは開・閉会式《へいかいしき》、陸上競技、サッカーに使用される。大会後は、サッカーの国際試合やコンサートなどのイベントで使用される予定である。維持管理費《いじかんりひ》が旧競技場よりも多く見こまれていることが、さらなる課題だ。

5

国連とオリンピックとの関係は？

キーワードはサステナビリティ＝持続可能性。

ＩＯＣは、国連と連携《れんけい》して環境保護《かんきょうほご》や平和運動にとりくんでいる。２０１５年の国連総会で、ＩＯＣのバッハ会長が「ＩＯＣのゴールは国連のゴールでもある」とのべ、国連の事務総長は「国連の原理はＩＯＣの原理だ」と言い、おたがいが協力しあうことを確認《かくにん》したことで、その連携はより強くなった。

国連はこの総会で、２０３０年までに達成するとした新しい開発目標「Sustainable Development Goals（ＳＤＧｓ＝サステナブル・ディベロップメント・ゴールズ）＝世界を変えるための17の目標」をさだめた。「サステナブル」の意味は「持続可能な」。私たちは、気候変動などの地球環境の問題だけでなく、天然資源《てんねんしげん》を保護し再利用する、生物の多様性をまもる、差別などの人権《じんけん》問題にとりくむ、高齢化《こうれいか》社会に対応する、などさまざまなテーマにとりくんでいくことによって、経済《けいざい》、社会、環境などが将来《しょうらい》にわたって続いていくことを可能にしなくてはいけない。かんたんにいうと、世の中によくないことがあったら、なおしましょう。そして、今だけよければいいということではなく、将来の世代のために、いいことはずっと続くよう努力しましょう、ということなのだ。

ＩＯＣはこの「ＳＤＧｓ」でさだめた達成目標のうち、スポーツを通じてできるものに関して連携している。たとえば、目標3「すべての人に健康と福祉《ふくし》を」、目標4「質の高い教育をみんなに」、目標5「ジェンダー平等を実現しよう」、目標16「平和と公正をすべての人に」、目標17「パートナーシップで目標を達成しよう」など17のゴールである。

古代オリンピックがスポーツを通じて平和の実現をめざしたように、現在のオリンピックもこのような世界的な目標の達成にむけて何ができるのかが問われている。

ＩＯＣが２０１４年にさだめた「オリンピック・アジェンダ２０２０」という改革《かいかく》のための40の提言のうち、提言４と５はサステナビリティに関するものである。提言４では、オリンピックのあらゆる要素にサステナビリティを導入するとし、提言５では、オリンピックムーブメントの日常的な活動にサステナビリティを導入するとさだめている。そのために、ＩＯＣは、国連環境計画（ＵＮＥＰ《ユネップ》）などの専門組織とも協力している。

２０２０年東京大会では、「Be better, together/よりよい未来へ、ともに進もう」というサステナビリティに関する標語のもと、ＩＯＣと国連の方針にしたがって大会を開催《かいさい》しようとしている。そのために組織委員会は、「気候変動」「資源管理《かんり》」「大気・水・緑・生物多様性等」「人権・労働、公正な事業慣行《かんこう》等への配慮《はいりょ》」「参加・協働・情報発信」という５つの柱をかかげている。

国連が作成したSDGs「世界を変えるための17の目標」。

1

パラリンピックのはじまりは?

生みの親はグットマン。場所はイギリスのストーク・マンデビル。

障《しょう》がいのある人々がスポーツをする習慣は古く、1888年にはすでに、聴覚《ちょうかく》に障がいがある人のためのスポーツクラブが、ベルリンで運営されていたとされる。

パラリンピックのはじまりは、1948年ロンドン大会の開会式と同じ日に、ロンドン郊外《こうがい》のストーク・マンデビル病院で開催《かいさい》された車いすアーチェリー大会であった。第二次世界大戦中に負傷兵《ふしょうへい》の治療《ちりょう》のために設立された脊髄損傷科《せきずいそんしょうか》の医長ルートヴィッヒ・グットマンが、戦争で障がいをおった元兵士の気晴らしやリハビリテーションとして、また自信を回復させる試みとして、スポーツ大会を企画したのである。グットマンはドイツからの亡命《ぼうめい》ユダヤ人。この大会には、戦争で脊髄にダメージをおった車いすの男性兵士14名と女性兵士2名が参加した。障がい者のためのこの大会は、「ストーク・マンデビル・ゲームズ」として以後毎年開催され、パラリンピックへと発展《はってん》したのだ。

パラリンピックの精神をあらわす「失われたものを数えるな、残された機能を最大限に活かせ（It's ability not disability that counts.）」という有名な言葉は、「パラリンピックの父」とよばれるグットマン医師の名言とされる。しかしこれは、もともとあった国連の考え方を彼《かれ》が日本関係者に広めたものである。

「パラリンピックの父」グットマン博士。

2 「パラリンピック」という用語はいつ生まれた？

１９６４年東京大会で使われた愛称《あいしょう》。

前ページでのべたように、「パラリンピック」という言葉は最初から使われていたのではない。イギリス国内で１９４８年にはじまった障《しょう》がい者のためのスポーツ大会「ストーク・マンデビル・ゲームズ」が、１９５２年にオランダ選手がくわわって「国際ストーク・マンデビル・ゲームズ」となり、１９６０年には初めてイギリス国外のイタリア・ローマで開催《かいさい》された。これはオリンピックローマ大会の後に開催されたが、この大会では「パラプレジック・オリンピック」（対《つい》まひ者の大会）という通称《つうしょう》でよばれていた。

「パラリンピック」というよび名が生まれたのは、じつは１９６４年東京大会でのこと。

このときの正式名称はそれまでと同様「国際ストーク・マンデビル・ゲームズ」であったが、「パラプレジック・オリンピック」にかわる愛称《あいしょう》として、この言葉を短くしてオリンピックと結びつけた「パラリンピック」が使われるようになったのである。

その後、１９８５年の取り決めで、初めてイギリス国外で開催されたローマ大会を第１回パラリンピック大会として正式に数えるようになった。１９６４年東京大会は第２回大会となった。現在、「パラリンピック」は、「もう一つの（パラレル＝parallel）オリンピック」という意味をもつようになった。

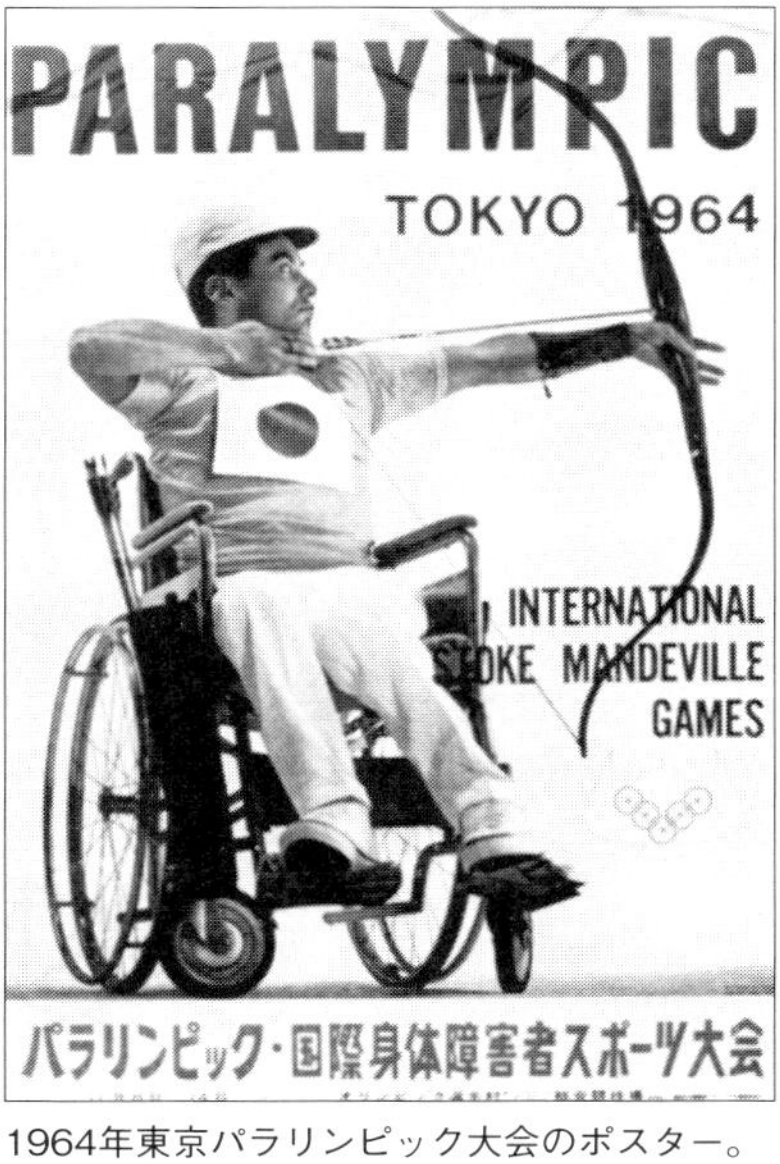

1964年東京パラリンピック大会のポスター。

3

1964年東京パラリンピックはどんな大会？

日本のパラリンピックの父・中村裕《なかむらゆたか》医師。

1964年東京パラリンピック大会は、21ヵ国から378人の選手を集めて開催《かいさい》された。日本選手は53名、そのうち女性は2名だった。当時の日本では、障《しょう》がいのある人がスポーツをする習慣がなく、この機会によって初めて病院や自宅から外に出たという人々も多かったのである。

この大会は、「パラリンピック」（正式には「国際ストーク・マンデビル・ゲームズ」）と「国際身体障害者《しょうがいしゃ》スポーツ大会」の2部構成で開催された。これは、グットマン医師が車いす利用者以外の障がい者が参加する大会を「ストーク・マンデビル・ゲームズ」とみとめなかったためだといわれている。第2部の国際身体障害者スポーツ大会には、日本の障がい者と西ドイツの招待選手が参加した。

この大会で大活躍《だいかつやく》したのが、「奉仕団」とよばれたボランティアの人々であった。通訳《つうやく》は「語学奉仕団」とよばれ、日本赤十字社のサポートをうけて活動した。競技の補助《ほじょ》にはボーイスカウトがあたり、開《かい》・閉会式《へいかいしき》のプラカード持ちは彼《かれ》らが担当《たんとう》した。選手団の移動時には、多くの消防士と警察官《けいさつかん》が安全をはかった。名誉総裁《めいよそうさい》に就任《しゅうにん》した当時の皇太子殿下《こうたいしでんか》と妃殿下《ひでんか》の支援《しえん》も、大会の成功をささえた。

そして、だれよりも東京パラリンピックの開催につくした人物……それが、日本選手団の団長をつとめた中《なか》村裕《むらゆたか》医師である。1927年に大分県に生まれ、九州大学医学部の整形外科医としてリハビリテーションの道を歩み始めた彼は、イギリスのストーク・マンデビル病院に留学し、グットマンの指導をうけた。彼はそこで、障がい者の社会参加の大切さ、仕事をもって自立できるという可能性、スポーツの大切さを学んだのである。

帰国した中村医師は1961年に、日本で初めての障がい者のスポーツ大会として「大分県身体障害者体育大会」を開催した。

また、「保護より機会を！」、「世に身心障がい者はあっても仕事に障がいはありえない」という理念にしたがって、1965年に障がい者の仕事の機会づくりと自立支援のために「太陽の家」を創設《そうせつ》した。

1975年には「第1回極東・南太平洋身体障害者スポーツ大会」（フェスピック大会：現在のアジアパラ競技大会）を、1981年には「第1回大分国際車いすマラソン大会」を成功にみちびいた。この両大会は今でも開催されている。東京パラリンピック大会も、彼の存在なしには開催しえないものであった。

障がい者のスポーツのためにつくしたことから、中村医師は「日本のパラリンピックの父」とよばれている。

1964年パラリンピック東京大会開会式で直立の姿勢《しせい》をとる中村裕《なかむらゆたか》（中央）。

4

パラリンピックのシンボルマークは変わってきた？

現在のシンボルマークは3代目。

オリンピックのシンボルマークは、クーベルタンが考案して以来、ずっと変わらずにもちいられている。これに対してパラリンピックのシンボルマークは、過去数回変更《へんこう》されて今にいたっている。

パラリンピックのもととなった「ストーク・マンデビル・ゲームズ」の旗には、「ＳＭＧ」と大きくアルファベットの頭文字がえがかれていた。１９６４年東京パラリンピック大会の第１部でもこの旗が使われている。この東京大会のエンブレムは、白いハトと5つの車椅子《くるまいす》の車輪がV字形にえがかれたデザインだった。

１９８８年ソウル大会は、オリンピックの後に同じ会場を使ってパラリンピックが開催《かいさい》される初めての大会となった。ここで、ようやくパラリンピックのシンボルマークが考案された。オリンピックカラーの5色をあしらった、まが玉模様《もよう》のデザイン（左ページ上）は、開催地韓国《かんこく》の伝統文化である陰陽五行《いんようごぎょう》の教えをあらわしたものだ。

しかし、ＩＯＣが「オリンピックのシンボルマークに似ている」と反対したためにデザイン変更をせまられ、１９８９年に設立された「国際パラリンピック委員会（ＩＰＣ）」があらたに決定したのが、３つのまが玉模様のデザイン（左ページ中）である。使用されている3色は、人間のもっとも大切な構成要素である「こころ（スピリット）・肉体（ボディ）・魂《たましい》（マインド）」を赤・青・緑の3色で表しているとされる。このシンボルマークは、１９９４年リレハンメル冬季大会から使用された。

そして２００４年アテネ大会の閉会式《へいかいしき》で、3代目となるシンボルマークが登場した（左ページ下）。「スリー・アギトス」とよばれる、現在使われているシンボルマークだ。「アギト」とは、ラテン語で「私は動く」という意味。赤・青・緑の3色は、世界の国旗でもっとも多く使用されている3色ということで選ばれた。中心を取り囲むように位置する3つの曲線は「動き」を象徴《しょうちょう》したものであり、世界中から選手が集まるというパラリンピックムーブメントの役割を強調したものとされている。

1988～1994年。左から青黄黒緑赤の順。

1994～2004年。左から赤緑青の順。

2004年～現在の「スリー・アギトス」。

5

「障害者権利《しょうがいしゃけんり》条約賛同の壁画《へきが》」とは?

障《しょう》がい者の人権《じんけん》と自由を確保し、権利《けんり》を尊重《そんちょう》することが目的。

第6章でみたように、オリンピックでは「休戦賛同の壁画《へきが》」が選手村に設置されることになっている。2014年ソチパラリンピック冬季大会では「オリンピック休戦賛同の壁画」にならい、「障害者権利《しょうがいしゃけんり》条約賛同の壁画」が選手村に設置された。「障害者権利条約」は2006年に国連総会で採《さい》択《たく》された。これは障がい者の人権《じんけん》と自由を確保し、障がい者が本来もっている権利の尊重《そんちょう》をうながすことを目的として、障がい者の権利の実現のために必要な手続きについてさだめたものだ。ちなみにこの「壁画」は、2018年平昌《ピョンチャン》冬季大会の選手村にも設置された。

2012年ロンドン大会の閉会式《へいかいしき》では、地元イギリスと、それ以降に大会を開催《かいさい》するロシア、ブラジル、韓国《かんこく》の合計4ヵ国で「オリンピック・パラリンピックと人権」に関する共同宣言《せんげん》を発表した。この宣言では、「参加国が世界人権宣言(※)を再確認してこれを適用し」「障がい者が人権と基本的自由を享受《きょうじゅ》するために」「年齢《ねんれい》や障がいの有無、男女のちがいに関係なく」「だれでも目的をかなえることができる持続的社会達成のために」、オリンピック・パラリンピックで貢献《こうけん》すると約束したのである。

2018年平昌《ピョン チャン》パラリンピック冬季大会の「障害者権利《しょうがいしゃけんり》条約賛同の壁画《へきが》」。

※世界人権宣言《じんけんせんげん》:1948年の国連総会で採択《さいたく》された、人権《じんけん》および自由を尊重《そんちょう》し確保するために、「すべての人民とすべての国とが達成すべき共通の基準」を宣言したもの。(参照:外務省ホームページ)

第5部
日本のオリンピックと未来

1 聖《せい》火《か》リレー、なぜ東南アジアを回った？

戦争で迷惑をかけた東南アジアの国々への謝罪と、平和国家として再出発した日本のアピール。

１９６４年８月21日、ギリシャ・オリンピアのヘラ神殿《しんでん》の前で太陽の光から採火《さいか》された聖火《せいか》は、アテネまでリレーされたあと、「シティ・オブ・トウキョウ号」と名づけられた聖火リレー特別機によって空に飛びたった。聖火はイスタンブール、ベイルート、テヘラン、ラホール、ニューデリー、ラングーン（現ミャンマーのヤンゴン）、バンコク、クアラルンプール、マニラ、香港《ホンコン》、台北《タイペイ》の11都市を経由し、18日間をかけて沖縄《おきなわ》におりたった。

幻《まぼろし》のオリンピックとなった１９４０年東京大会では、古代シルクロードを通るルートで聖火リレーをしようという壮大《そうだい》な計画があったが、あまりに困難《こんなん》な計画のため断念したという経緯《けいい》があった。１９６４年大会でも、もともとは陸路でユーラシア大陸をリレーしようという計画をたてて実地調査がおこなわれた。だが、そのルートも困難ということになり、各都市間を空路でリレーすることになったのだ。

こうして、空輸《くうゆ》総距離《そうきょり》１万５５０８キロメートル、リレー総距離７３２キロメートル、国外リレー総区間８７０区間、海外のリレー走者総数８７０人の大プロジェクトが実行された。香港で台風のために聖火リレー特別機が故障《こしょう》し、別の飛行機を用意して続けるというアクシデントをへて、聖火は当初の予定より１日遅《おく》れて沖縄に到着《とうちゃく》した。国外の若《わか》いランナーたちとともにアジア諸国《しょこく》をまわった「平和の火」はここで、日本の若いランナーたちに引きつがれた。当時、沖縄はアメリカ軍の占領下《せんりょうか》にあり、日の丸の旗をかかげることが禁止されていた。しかし、このときだけは黙認《もくにん》され、沖縄の人々は日の丸の小旗をふって聖火ランナーを大歓迎《だいかんげい》し沖縄本島を北上、名護《なご》市で1泊したあと日本本土へ向かう聖火を見送ったのだ。

中東から東南アジアを通り、台北から沖縄に向かうという国外聖火リレーのルートを考えたのは、組織委員会事務総長の田畑政治《たばたまさじ》である（68ページ参照）。じつは、東京にオリンピックを招致《しょうち》するとき、田畑がアジア各国に「〝アジアのオリンピック〟として開催《かいさい》するから東京に投票してほしい」と依頼《いらい》していたという事情があったためそれらの国々をまわったといわれている。しかし、それ以上に重要だったのは、日本が太平洋戦争で大きな迷惑《めいわく》をかけた東南アジアの国々に対して謝罪《しゃざい》の心をつたえること、そして、戦後の日本が平和国家として新しく出発したというメッセージを世界につたえることだった。

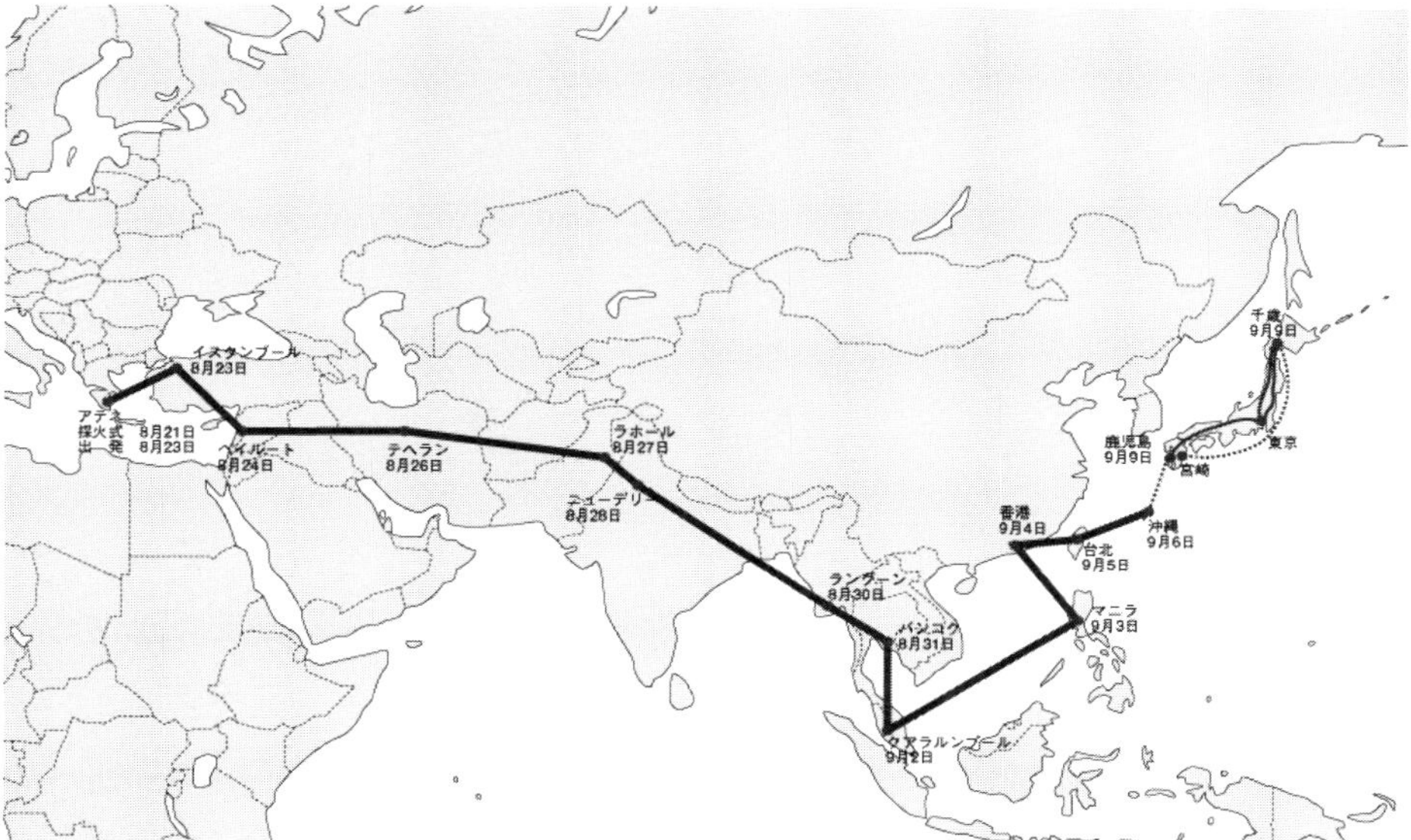

1964年東京大会聖火リレーの国外ルート（太線部分）図（日付は当時の到着《とうちゃく》予定日）。

2

最終聖火《せいか》ランナーはだれだった？

メダリストたちが選んだのは１９４５年８月６日生まれの元気な若者《わかもの》だった。

国内の聖火《せいか》リレーは、鹿児島県と宮崎県、北海道の３ヵ所からスタートし、それぞれ太平洋側と日本海側の合計４ルートで東京都庁《とちょう》をめざした。都庁に到着《とうちゃく》した４つの聖火は皇居前《こうきょまえ》でひとつにまとめられ、開会式がおこなわれる国立競技場へと出発した。地上リレー総距離《そうきょり》６７５５キロメートル、リレー総区間４３７４区間。リレー走者は、高校生を中心とした10万７１３人の若者《わかもの》だった。最終聖火ランナーに選ばれたのは、坂井義則《さかいよしのり》という早稲田《わせだ》大学１年生の陸上競技選手。広島に原爆《げんばく》が投下された１９４５年８月６日に、広島県三次《みよし》市で生まれた若者であった。ここに、反原爆、反戦、平和をもとめるメッセージがたくされていたのである。

組織委員会の原案は、聖火ランナーには県知事や議員、地域《ちいき》の有力な財界人《ざいかいじん》、スポーツ功労者などが優先的に選ばれるというものだった。この原案にまっこうから反対したのが、田畑政治《たばたまさじ》と、大島鎌吉《おおしまけんきち》(70ページ参照)だった。「聖火ランナーは、スポーツとは無縁《むえん》のビール腹《ばら》の大人が走るより、若者たちにまかせるべきだ」と２人は主張。また原案では、最終聖火ランナーとして織田幹雄《おだみきお》、南部忠平《なんぶちゅうへい》、田島直人《たじまなおと》という戦前のオリンピックで活躍《かつやく》した三段跳《さんだんと》びの金メダリストたちの名前が候補《こうほ》にあがっていたが、その織田幹雄も「私も聖火ランナーの主役は、若者たちにかぎると考えます。また、最終聖火ランナーに私や南部さん、田島くんの名前もあがっているようですが、あの国立競技場の１８０段《だん》以上ある階段《かいだん》を、私たちがかけのぼるのはたいへんだと思います。そういったことを考えても、聖火ランナーは元気な若者たちにまかせるべきです」とのべ、田畑、大島の主張を支持した。

そして、彼らが提案した最終聖火ランナーが坂井義則だった。これに対して「原爆を落とした国であるアメ

最終聖火《せいか》ランナーの大役をはたした坂井義則《さかいよしのり》。

リカに悪感情をあたえてしまう」という批判《ひはん》があがったが、田畑は「われわれがにくむのは、アメリカではなく、原爆そのものである。アメリカでもソ連《れん》でも中国でも、原爆はやめてもらわなければならない。日本はアメリカの属国ではない、アメリカにおもねるために、原爆に対するにくしみを口にしえない者は世界平和に背をむける卑怯者《ひきょうもの》である」とのべ、みなを納得《なっとく》させた。

こうして、19歳《さい》の坂井義則が最終聖火ランナーとして国立競技場の階段をかけあがった。海外の新聞は、彼《かれ》のことを「アトミック・ボーイ」とよんで報道した。田畑、大島らの願いどおり、坂井義則へとつづいたこの聖火リレーによって、「平和の祭典オリンピック」のメッセージが世界につたわったのである。

3

レースを中止して救助した？

「これぞ人間愛の金メダル」とたたえられたキエル兄弟。

1964年東京大会のヨット競技で、フェアプレーを象徴《しょうちょう》するエピソードが生まれた。

江の島ヨットハーバーでおこなわれたヨット競技の1種目が悪天候にみまわれ、転覆《てんぷく》や故障《こしょう》するヨットが続出した。そんななか、スウェーデンのラース・キエル、スリグ・キエルの兄弟が乗ったハヤマ号は、快調に先頭グループを走っていた。ところが、前を走るオーストラリア艇《てい》が突風で転覆し、選手が海に投げ出されてしまったのだ。キエル兄弟はまよわずレースを中断し、オーストラリア選手の救助にあたった。その結果、兄弟は大きく順位を落とし12位でのゴールとなったが、新聞がこのようすを報道し、「これぞ人間愛の金メダル」とたたえた。キエル兄弟は「海難事故《かいなんじこ》を見つけたら、何をおいても救助に向かうのは海の男としてあたりまえのことです」と笑顔でコメントしたといわれている。組織委員会は国境と勝敗をこえた美しいスポーツマンシップをたたえ、「東京トロフィー」を創設《そうせつ》してキエル兄弟に授与した。

この大会のヨットレースに出場していたノルウェーのハーラル皇《こう》太子《たいし》は2001年に国王として再来日。以来「ノルウェーフレンドシップヨットレース」という記念ヨットレースを江の島で毎年開催している。

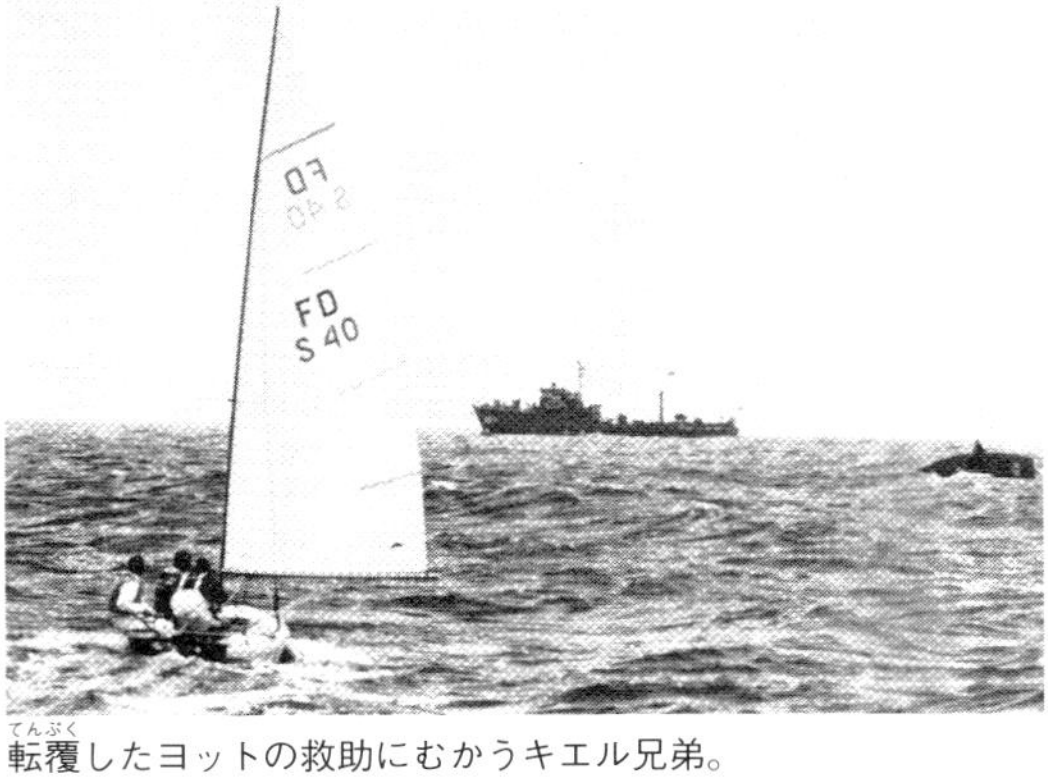

転覆《てんぷく》したヨットの救助にむかうキエル兄弟。

4 世界で初めてのオリンピック教育は？

国をあげてオリンピック教育がおこなわれた。

1964年東京大会では、大会の成功を願った大きな国民運動がおこなわれた。オリンピックに協力して世界標準のエチケット・マナーを身につけたり、都市の美化をはかったりする「オリンピック国民運動」である。

1963年6月22日に「オリンピック国民運動推進《すいしん》連絡会議」が編成《へんせい》され、7つの取り組みがはじまった。「オリンピック理解運動」「国際理解運動」「公衆《こうしゅう》道徳高揚《こうよう》運動」「商業道徳高揚運動」「交通道徳高揚運動」「国土美化運動」「健康増進運動」である。これはオリンピックを機におこなわれた、国民に対するグローバル教育で、このなかに世界初のオリンピック学習がふくまれていた。

「オリンピック理解運動」のために、当時の文部省《もんぶしょう》は『オリンピック読本』を作成し、全国の小中学校に配布した。「オリンピック精神をつちかい、日本人としての自覚にたちながら、国際親善《こくさいしんぜん》と世界平和への態度を養う」という目的であったが、これが現在へとつながるオリンピック教育のはじまりになった。

各区市町村でもさまざまなオリンピック教育がおこなわれ、オリンピズムの理解や国際親善と世界平和への態度の育成などをおこなった。

文部省《もんぶしょう》が発行した『オリンピック読本』（右）。

東京都八王子市《はちおうじし》が市民の学習用に作成した冊子《さっし》。

5

映画《えいが》『東京オリンピック』が名作といわれるのは？

太陽が重要な役割。「芸術か記録か」の大論争がまきおこる。

1936年ベルリン大会の公式映画《えいが》『オリンピア』とならぶ名作として世界に知られているのが、市川崑《いちかわこん》監《かん》督《とく》が制作した1964年東京大会の公式映画『東京オリンピック』である。当初は黒澤明《くろさわあきら》監督が制作者に予定され、1960年ローマ大会の視察《しさつ》までおこなっていた。しかし、黒澤監督が提示した制作経費と組織委員会の予算がおりあわず、市川監督が制作を引き受けた。オリンピックについて調べた市川監督は、「つまり4年に一度、人類が集まって平和という夢を見ようじゃないか、それがオリンピックの理念だとわかりました」とのべている。

シナリオは市川監督を中心に、詩人の谷川俊太郎《たにかわしゅんたろう》をふくむ4人の手でかきあげられた。監督はさらに各シーンの「絵コンテ」（絵がついた撮影用《さつえいよう》台本）をつくり、こまかい打ち合わせを事前におこなった。何がおこるかわからない記録映画に、本来はシナリオなどないはずである。だが市川監督はオリンピックで何を記録するのかについて明確な意図をもっており、カメラマンをふくめたスタッフ全員がそれを共有することで、「意志をもった撮影」が可能となったのである。

こうして1965年に完成した映画だったが、大きな物議をかもすことになる。試写会をみたオリンピック担当大臣《たんとうだいじん》の河野一郎《こうのいちろう》が「芸術性を強調するあまり正しく記録されているとは思われない」と批判《ひはん》し、これが新聞にとりあげられて「芸術か記録か」の大論争がおこったのだ。

映画は、太陽のアップのシーンで始まり、太陽のアップのシーンで終わる。市川監督が「この映画に自分で題名をつけるなら『太陽のオリンピック』としたかった」とのべたように、太陽はいつでもどこでもだれでも平等に照らし出す平和の象徴《しょうちょう》としてもちいられた。この映画には勝者だけでなく、敗者も多くえがかれている。そして、競技役員や審判員《しんぱんいん》、さまざまな観客たちもみな平等にえがかれている。「芸術か記録か」論争は、日本選手の活躍《かつやく》や大会の成功を中心に記録してほしいと考える政界やスポーツ界と、参加者を平等にそして芸術的にえがくべきとするクリエーターとのあいだでくり広げられたのだ。

だがこの論争は、『東京オリンピック』が１９６５年のカンヌ国際映画祭で「国際映画批評家賞《ひひょうか》」と「青少年向け最優秀《さいゆうしゅう》作品賞」を受賞し、国際的に高い評価を得たことでおさまった。

文部省《もんぶしょう》の方針で１２００万人の小中高校生が鑑賞《かんしょう》したこともあり、映画は封切りから半年で観客約２０００万人を動員して大好評をはくした。25億《おく》円という興《こう》行収入《ぎょうしゅうにゅう》は、２００１年に『千《せん》と千尋《ちひろ》の神《かみ》隠《かく》し』にぬかれるまで歴代1位であった。

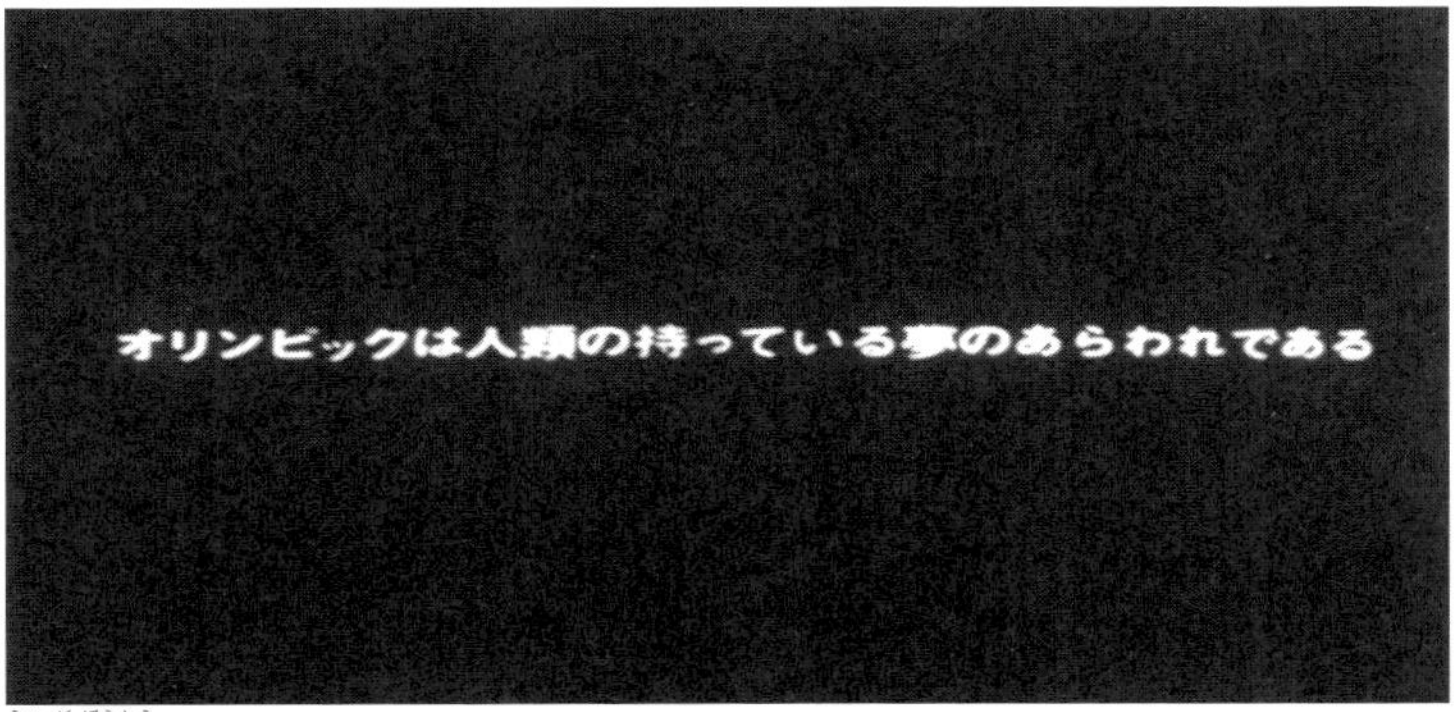

映画《えいが》冒頭《ぼうとう》に登場するテーマのメッセージ。

続いてあらわれる大きな太陽のアップシーン。

1 最終聖火《せいか》ランナーは？

大役をつとめたのは、16歳《さい》の高校生２人。

アジアで初めての夏季大会が日本なら、アジアで初めての冬季大会も日本で開催《かいさい》された。１９７２年札幌《さっぽろ》冬季大会である。１９４０年の札幌冬季大会が幻《まぼろし》におわってから、32年目の実現であった。札幌冬季大会は、35の国と地域《ちいき》から１００６名（男子８０１名、女子２０５名）の選手を集め、６競技35種目が実施《じっし》された。

この項《こう》では、札幌大会の聖火《せいか》リレーの足取りを追う。持ち手が三日月形をした聖火リレーのトーチは、柳宗《やなぎむね》理《みち》のデザインによる。同じく柳が設計した、三日月形の聖火台と調和するようにデザインされたものであった。

聖火は１９７１年12月28日にオリンピアのヘラ神殿《しんでん》の前で採火《さいか》され、ギリシャ人イアニス・キルキレシスによって聖火リレーがスタートした。彼《かれ》は１９７２年に開催されたミュンヘン大会でも第1走者のつとめをはたしている。12月30日にアメリカ軍占領下《せんりょうか》の沖縄《おきなわ》に到着《とうちゃく》した聖火は、沖縄本島で60キロメートルの距離《きょり》をリレーされたのち、1月1日に東京まで飛行機で運ばれ、１９６４年東京大会で使われた国立競技場の聖火台に点火された。その後、聖火は富士山のふもとを走り、河口湖をへて、山梨県の韮崎市《にらさきし》から太平洋側と日本海側に分かれてリレーされ、青森まで運ばれた。そして、船で津軽海峡《つがるかいきょう》をわたり、函館《はこだて》から釧路《くしろ》と稚内《わっかない》に空路で運ばれ、３つのルートで道内をリレーされ札幌をめざした。３つの聖火は1月29日に札幌に到着すると、30日に北海道《ほっかいどう》庁《ちょう》前でＩＯＣブランデージ会長の立ち会いのもと1つにまとめられ、2月3日の開会式まで札幌市役所で保管されたのである。

開会式の朝、聖火は男女各5人の手によって、真駒内《まこまない》の屋外スケートリンクまでリレーされた。開会式会場である真駒内の競技場で5万人の観衆《かんしゅう》が見守るなか、スケートリンクに姿《すがた》をあらわしたのは、フィギュアスケートの白いウェアに身を包んだ16歳《さい》の高校1年生、辻村《つじむら》いずみ。氷上を優雅にすべっていった先には、同じく16歳の最終聖火ランナー、高田英基《たかだひでき》が待っていた。聖火を受け取った彼はバックスタンドの103段《だん》の階段《かいだん》をかけのぼり、聖火台に点火した。16歳の高校生が点火したのはオリンピック史上はじめてのことであった。

聖火台は、スキーの回転と大回転、ボブスレー、リュージュの競技がおこなわれた手稲山《ていねやま》と、滑降《かっこう》コースの恵庭岳《えにわだけ》にも設置された。現在は、真駒内の競技場と手稲山の競技場跡《あと》に当時の聖火台がのこされている。

トーチを持って氷上を優雅《ゆうが》にすべる辻村《つじむら》いずみ。

聖火台に点火した高田英基《たかだひでき》。

2

「日の丸飛行隊」とは？

表彰台《ひょうしょうだい》独占《どくせん》という快挙《かいきょ》で日本中がわいた。

札幌《さっぽろ》冬季大会で日本中が熱狂《ねっきょう》したのが、スキーのジャンプ競技だった。札幌市内の宮《みや》の森《もり》ジャンプ競技場でおこなわれた「純ジャンプ70メートル級（現在のノーマルヒル）」で、「日の丸飛行隊」とよばれる日本ジャンプ陣《じん》が表彰台《ひょうしょうだい》を独占《どくせん》したのである。金メダルの笠谷幸生《かさやゆきお》、銀メダルの金《こん》野昭次《のあきつぐ》、銅メダルの青地清二《あおちせいじ》の３選手だった。この競技は２本のジャンプの合計点できそわれるが、１本目の終了《しゅうりょう》時点ですでに1位笠谷、２位青地、３位金野、４位藤沢隆《ふじさわたかし》と、日本勢が上位を独占していた。２本目では藤沢が距離《きょり》を伸ばせずに23位になったが、金野が79メートル、青地が77・50メートルの大ジャンプをみせた。そして最終ジャンパーの笠谷は79メートルを飛び、さらに彼《かれ》ならではの直線的な美しい姿勢《しせい》が評価され高い飛型点《ひけいてん》が出て、全選手中トップの２４４・２点をマークしたのである。表彰台には日本の３選手がにこやかに立ち、３本の日の丸がひるがえった。

篠田正浩監督《しのだまさひろかんとく》による公式記録映画『札幌オリンピック』（１９７２年公開）では、このときのジャンプ競技のようすがスローモーションの映《えい》像《ぞう》で美しくえがかれている。日本選手たちの空中を浮遊《ふゆう》するようなジャンプシーンの連続は、見た人に強い印象をのこした。

表彰台《ひょうしょうだい》を独占《どくせん》した日本の３選手。左から金野昭次《こんのあきつぐ》、笠谷幸生《かさやゆきお》、青地清二《あおちせいじ》。

3 環境に配慮したオリンピック？

このころから環境《かんきょう》問題が注目されるようになった。

１９７２年札幌《さっぽろ》冬季大会当時、オリンピック憲章《けんしょう》に「環境《かんきょう》」への配慮《はいりょ》は、まだ書かれていなかった。しかしこの年、国連が「国連環境計画」（ＵＮＥＰ《ユネップ》）を設置して国際的に環境問題に対応する方針《ほうしん》をしめし、日本国内でも前年に環境庁《かんきょうちょう》が設置されるなど、環境対策や自然保護運動が高まっている時期だった。

恵庭岳《えにわだけ》の滑降《かっこう》コースとロープウェイ。

そのような流れのなかにあって、札幌冬季大会では国立公園内の恵《え》庭岳《にわだけ》に滑降《かっこう》コースを新設することとなったが、地元の自然保護団体の主張もあり、大会終了後《しゅうりょうご》にすぐにコースを閉鎖《へいさ》して大会前の状態にもどすことが決められた。大会後はその方針どおり、コースがつくられていた場所に植林がおこなわれ、見た目には緑がもどったように見える。しかし、大会から46年経った現在でも、雪が降るとコースの形が浮《う》かびあがるため、完全にもとの状態にもどったとはいえない。

閉会式《へいかいしき》では、次回大会にむけて「Ｄｅｎｖｅｒ（デンバー）76」の人文字がえがかれた。だが開催予定地であったアメリカのデンバーはその後住民の反対にあい、冬季大会の開催を返上した。環境破壊《はかい》をおそれる声が多くあがったためだ。札幌大会の恵庭岳のコースは、オリンピックで環境問題がクローズアップされるきっかけとなったともいえるのである。

4

選手村から追放された選手がいた？

当時はたいへんきびしい「アマチュア規定」があった。

1972年当時、「スポーツによって収入を得ていないアマチュアの選手しかオリンピックに参加できない」というきびしい規定がオリンピック憲章《けんしょう》に存在《そんざい》した。だが実際には、生活していくためにインストラクターとして収入を得たり、名前や写真を使ってスキー用品の宣伝をしたりしているスキー選手が多くいた。当時「ミスター・アマチュア」とよばれたIOCのブランデージ会長はこれらをゆるさず、取材のカメラにメーカー名の書かれたスキー板が映《うつ》らないように言ったり、競技直後に選手からスキー板を取り上げたりしたが、選手が企業から収入を得て「宣伝《せんでん》マン」になることはなくならなかった。これが、札幌《さっぽろ》大会でおこったある事件のきっかけとなる。

札幌大会の3日前、ブランデージ会長が千歳《ちとせ》空港に到着《とうちゃく》するなり記者会見を開いて、「アマチュア規定違反《いはん》のアルペンスキーヤーがたくさんいる」と発表し、彼《かれ》らの参加資格の停止《ていし》をほのめかしたのである。そこでやり玉にあげられたのが、オーストリアのカール・シュランツ選手だった。彼は自国のスキーメーカーと提携《ていけい》し、その会社のスキーを使用したり、会社のポスターやCMに登場したりしていたからだ。

ブランデージ会長の発言に対し、国際スキー連盟《れんめい》は「一人でも失格にしたら大会から引き上げる」と反論したが、シュランツは資格停止にされ、選手村から追放されることになった。オーストリア選手団はこの決定に反発して「選手全員を引き上げる」と主張した。しかしシュランツは、「自分ひとりが去る。仲間には出場してほしい」と望み、ひとり選手村をあとにしたのである。シュランツはいわば、アマチュア問題の人身御供《ひとみごくう》にされたのだ。

当時のオリンピック憲章には、「にせアマチュア」——国や教育機関、ビジネス界からお金をもらって生活しているアマチュア選手——の参加を禁ずる規定もあった。だが、旧ソ連《れん》をはじめとする当時の共産圏《きょうさんけん》には、国がかかえる「にせアマチュア」の選手が多かったため、これに抗議《こうぎ》してカナダは１９７０年から国技のアイスホッケーで国際大会に参加することをやめた。札幌大会にも、カナダのアイスホッケーチームは参加していない。

しかし、さすがにこのようなきびしいアマチュア規定には反対意見が多かったため、１９７４年にアマチュア規定は廃止《はいし》されることになる。それは、ブランデージの後に会長になったマイケル・キラニン会長の決定だった。競技資格をはく奪《だつ》されていたシュランツは、１９８９年に復権《ふっけん》している。また、カナダのアイスホッケーチームも１９８０年からオリンピックに復帰した。

1972年札幌《さっぽろ》の選手村から追放されたカール・シュランツ（中央）。

5

「札幌《さっぽろ》の恋人」とよばれたアイドルはだれ？

「しりもちついてもかわいい」と評判になった。

この大会では、まるでアイドルのような人気をはくした選手がいた。「札幌《さっぽろ》の恋人《こいびと》」「銀盤《ぎんばん》の妖精《ようせい》」とよばれた、18歳《さい》のジャネット・リン選手（アメリカ）だ。

リンは、１８６８年グルノーブル冬季大会に14歳で参加して9位に入り、4年連続全米1位にかがやいた実力者。ブロンドのショートヘアと愛らしい笑顔、そして抜群《ばつぐん》の表現力をもちあわせた彼女の演技は、世界中のファンを魅了《みりょう》した。

当時のフィギュアスケート競技は、コンパルソリーとよばれる決められた図形の線を正確にすべる規定演技と、自由演技の2種類で構成されていた。ジャネット・リンは、苦手の規定演技では得点がのびず、得意の自由演技で逆転をねらった。だがここでも、ダブルアクセル（2回転半）をふくむ5つの連続ジャンプを成功させたものの、シットスピンの演技でしりもちをついてしまった。

しかし、彼女《かのじょ》は笑顔で競技をつづけ、そんな姿《すがた》がまた観客の心をつかんだのだった。リンは自由演技では1位となり、全体では3位で銅メダルを獲得《かくとく》した。

篠田《しのだ》正浩《まさひろ》監督《かんとく》の公式記録映画《えいが》『札幌オリンピック』には、ジャネット・リンの自由演技がすべて記録されている。優雅《ゆうが》なBGMとともに、白鳥たちが湖で飛翔《ひしょう》する姿とリンのすべりをオーバーラップさせた美しい映像《えいぞう》がとても印象的だ。

「氷上のアイドル」の人気をさらに盛り上げたエピソードがある。ジャネット・リンは滞在《たいざい》した選手村を去るとき、部屋の壁《かべ》に『Ｐｅａｃｅ ＆ Ｌｏｖｅ（平和と愛）』という落書きを残し、これが新聞などに掲載《けいさい》さ

篠田正浩監督《しのだまさひろかんとく》の映画《えいが》『札幌《さっぽろ》オリンピック』で白鳥とともに舞《ま》うジャネット・リン選手。

れて大評判となった。落書きはその後消えてしまったが、札幌大会の翌年《よくねん》、リンは再来日してふたたび壁にサインをしている。

真駒内《まこまない》につくられた札幌大会の選手村は、真駒内団地（オリンピック団地）として市民に提供され、現在も使われている。この建物の外壁《がいへき》には、札幌オリンピックのシンボルマークに使われた雪の結晶《けっしょう》のロゴがえがかれている。

ジャネット・リンは札幌大会の翌年、女子選手としては当時史上最高額の4億円《おくえん》でプロに転向し、世界プロフィギュア選手権でも優《ゆう》勝《しょう》するなど、10年以上にわたりプロスケーターとして活躍《かつやく》した。アマチュアでなくなったリン選手にはCMの出演依頼《いらい》が殺到《さっとう》し、日本の「カルピス」のテレビCMにも登場した。1998年長野冬季大会には、オリンピック親善大使として来日した。

1

開会式のグローバルなしかけとは？

長野と世界五大陸をむすぶ大きなスケールの演出。

1998年長野冬季大会の組織委員会は「新時代の英知」「自然との共存《きょうぞん》」「平和と友好」を大会の基本理念とし、「愛と参加の長野オリンピック」の実現をめざして次の3つのテーマをかかげた。「1．子供たちの参加促進《そくしん》、2．美しく豊かな自然との共存、3．平和と友好の祭典の実現」である。

開会式は、日本の伝統文化と世界の文化をおりまぜたさまざまなパフォーマンスで構成された。善光寺《ぜんこうじ》の鐘《かね》の合図でスタートした開会式の前半は、日本の伝統文化でいろどられた。たとえば、神が宿るモミの大木を山から切り出して神社に建てるという長野県諏訪《すわ》地方の大祭「建御柱《たておんばしら》」の再現だ。「木遣《きや》り唄《うた》」とともに、たくましい男たちにかつがれて合計8本の御柱が姿《すがた》をあらわし、開会式会場の東西南北に2本ずつ建てられた。また、わらでつくられた大きな道祖神《どうそじん》が登場し、長野の郷土色《きょうどしょく》をもりあげた。これは同時に、日本の伝統儀式《ぎしき》によって大会会場を清めるという演出でもあった。

さらに、悪霊《あくりょう》などを地中にしずめ、場を清めるという意味をもつ横綱土俵入《よこづなどひょうい》りは、ハワイ出身力士の曙《あけぼの》がおこなうことによってグローバルな演出となった。聖火《せいか》の点火者は、アルベールビル大会のフィギュアスケート銀メダリストの伊藤《いとう》みどり。彼女《かのじょ》は古代の「卑弥呼《ひみこ》」風の衣装《いしょう》をまとい、日本古来の「かがり火」風にデザインされた聖火台に点火した。その風景は日本の伝統そのものだが、このときに流れた音楽はプッチーニ作曲の『蝶々夫人《ちょうちょうふじん》』。ここでも、世界と日本の文化が融合《ゆうごう》していた。

そして、とっておきのグローバルな演出は、開会式のフィナーレに用意されていた。世界的指揮者《しきしゃ》である小《お》澤征爾《ざわせいじ》の指揮のもと、シドニーのオペラハウス、南アフリカの喜望峰《きぼうほう》、ベルリンのブランデンブルク門、北京《ペキン》の故宮《こきゅう》、ニューヨークの国連会議場という五大陸の5会場にそれぞれ集まった200人と、開会式会場の2000人とを合わせて総勢3000０人の大合唱《だいがっしょう》がおこなわれたのだ。5会場を衛星中継《えいせいちゅうけい》でむすび、同時に歌うことで五大陸の心がひとつになった『歓喜《かんき》の歌《うた》』（ベートーベンの交響曲《こうきょうきょく》第9番）であった。開会式会場にいた約5万人の観客も合唱にくわわった。合唱のさなかには、五大陸の連帯をあらわす大きな地球形の風船がダンサーたちの手から空に向かってはなたれた。

「21世紀に向けての平和への連帯」を体現する、まさにグローバル（世界）とローカル（地方）が合体したグローカルな『地球シンフォニー』であった。

長野冬季大会の開会式に登場した大きな地球形の風船。

2

一校一国運動とは？

学校の子どもたちが どこかの国について 学びながら相互《そうご》交流し、応援《おうえん》する。

長野冬季大会からはじまり、それ以降世界に定着した、日本発・世界標準となった有名なプログラムがある。「一校一国運動（ワンスクール・ワンカントリー・プログラム）」である。

これは、大会の基本理念のひとつ「子供たちの参加促進《そくしん》」に向けて、長野国際親善《しんぜん》クラブの小出博治《こいでひろじ》会長が提案したものだ。小出会長は、１９９４年の広島アジア大会のときに市内の公民館単位でおこなわれていた地《ち》域《いき》住民による参加国の支援《しえん》交流プログラム「一館一国運動」を参考に、「一校一国運動」のプログラムを考えた。

当初、このプログラム提案は長野市内の校長会から好意的に受け入れてもらえなかったが、最終的にオリンピックがめざす平和の実現に必要な、ほかの国・地域の文化の理解と国際相互《そうご》交流という目的が理解された。参加したのは、長野市内のすべての小中学校と特別支援学校など75校だった。

この一校一国運動とは、それぞれの学校が交流する相手国を決め、生徒や児童が自主的にその国の文化や歴史を調べたり、言葉を学んだりして相互交流をおこなうというもの。大会前には相手国の子どもたちと手紙やビデオメッセージを交換《こうかん》するなどの活動をした。大会期間中には各国選手団の入村式でその国の国歌を歌って歓迎《かんげい》したり、選手団を学校に招待して、もちつきをするなど交流会を開催《かいさい》したり、競技会場へ行って手作りの小旗をふって応援《おうえん》するなどの活動をおこなった。

このプログラムは、オリンピックに参加した世界各国で好評をえて、つづく２０００年シドニー大会、２００２年ソルトレークシティ冬季大会でも実施された。そして２００２年のＩＯＣ総会の決定により、２００６年トリノ冬季大会からはＩＯＣ公式プログラムとしておこなわれることになった。２００８年北京《ペキン》大会では、「同心結プログラム」と名前を変えて同じような運動が実施された。また２０１４年ソチ冬季大会では、現地の小中学校が各国の文化などを学ぶ〝一方通行〟のかたちで一校一国運動がおこなわれた。

ただ、２０１０年バンクーバー冬季大会、２０１２年ロンドン大会では、どちらも開催都市がすでに多民族の都市であるという理由から実施しなかったとされる。

長野市内には現在でも一校一国運動を続けている学校があり、子どもたちの国際交流や異文化《いぶんか》理解に効果的なプログラムとして知られている。今後、一校一国運動がそれぞれのオリンピック大会でどのような形で実施されていくかにも注目していきたい。

長野市立清野小学校とポーランドの選手団の交流。

3 長野のピースアピール活動とは？

平和の祭典のために、多くの人たちが意思表示をした。

大会前年の１９９７年11月25日、国連総会でシンクロナイズドスイミング銅メダリストの小谷実可子《こたにみかこ》さんがスピーチでうったえた「オリンピック休戦決議」が、１７８ヵ国の賛成のもとに採択《さいたく》された。この休戦決議にもとづいて、アメリカによるイラクへの戦争開始がおそくなったともいわれている。

「平和の祭典オリンピック」のために、長野冬季大会ではさまざまなアピールがおこなわれた。まずは、印象的な場面をひとつご紹介しよう。

聖火《せいか》ランナーのひとりとして開会式の会場に姿《すがた》をあらわし、１５０人の子どもたちからなる「雪ん子」にかこまれて聖火をリレーしたイギリス人のクリス・ムーン氏。彼《かれ》は右手と右足がないが、それはアフリカの地雷《じらい》撤去《てっきょ》作業中におこった事故によるものだった。彼と雪ん子たちがおこなった対人地雷廃絶《はいぜつ》のアピールは人々の賛同をよび、1億《おく》円以上の寄付が集まり、一部は大会終了後《しゅうりょうご》にカンボジアで地雷撤去活動をしているイギリスの団体に送られた。雪ん子たちは、開会式のテーマソングであるピースアピールソング『明日こそ、子供たちが…』を歌手の森山良子《もりやまりょうこ》とともに歌うパフォーマンスもおこなっている。

開会式を目前にひかえた2月1日には、１６００人の市民がサマランチＩＯＣ会長、ノーベル平和賞受賞のアメリカのジョディ・ウィリアムズさんとともに善光寺《ぜんこうじ》から長野市中心街を歩いて平和をアピールした。

大会終盤《しゅうばん》の2月21日には森山良子のコンサートが開かれ、雪ん子のひとりが舞台《ぶたい》に登場して『長野ＰＥＡＣＥ ＡＰＰＥＡＬ～平和宣言《せんげん》　長野から世界へ～』を朗読《ろうどく》し、宣言文をカラールＩＯＣ事務総長に手わたした。その内容は、平和の祭典としてのオリンピックの意義を確認し、「オリンピック休戦決議」をまもることや、

雪ん子たちにかこまれて開会式に登場した聖火《せいか》ランナーのクリス・ムーン（中央）。

地雷撲滅《ぼくめつ》、ともに協力して平和な世界の創造《そうぞう》に貢献《こうけん》すること、などをよびかけるものだった。

このほかにも、長野市内では地雷の実情について展示《てんじ》するもよおしや、映画試写会《えいがししゃかい》、長年内戦がつづいている1984年冬季大会開催地《かいさいち》のサラエボ（当時のユーゴスラビア、現在のボスニア・ヘルツェゴビナの首都）に手編みのひざかけをおくる運動などがおこなわれた。また、メダル表彰式《ひょうしょうしき》の会場であるセントラルスクゥエアではオークションが実施され、コピーライターの糸井重里《いといしげさと》氏がデザインしたピースアピールTシャツや、オリンピアン、文化芸能界の著《ちょ》名《めい》な人たちの作品があつかわれた。

4 平和と環境《かんきょう》メッセージのリレーがあった？

長野からソルトレークシティへとどけられたメッセージ。

１９９４年リレハンメル冬季大会の閉会式《へいかいしき》会場から、４年かけて長野に環境《かんきょう》メッセージがとどけられたことは１２５ページでのべた。これを受けて長野大会からも、『平和・環境・子どもメッセージ――20世紀から21世紀へ向けて――』というメッセージを次の開催《かいさい》都市であるソルトレークシティにとどけるプロジェクトがおこなわれた。このリレーをおこなったのは、草の根の団体であるＮＡＳＬ国際環境使節団。使節団は１９９８年３月、パラリンピック終了《しゅうりょう》後に出発した。塚田佐《つかだたすく》長野市長からソルトレークシティのロッキー・アンダーソン市長にあてられたこのメッセージは、自転車とヨット、練習帆船《はんせん》の「海王丸《かいおうまる》」という化石燃料《かせきねんりょう》以外をつかった運搬手段《うんぱんしゅだん》によって全コースを運ばれ、２０００年７月23日にソルトレークシティ市長に手わたされた。このイベントに日本のメディアは関心をしめさなかったが、現地の地元紙では大きく報道されている。

ソルトレークシティはこの流れを受けて、アンダーソン市長みずからが『平和と若者《わかもの》と環境のメッセージ』を次の開催都市のトリノ市長にとどけた。しかし残念ながら、環境メッセージのリレーはそこでとだえてしまった。

NASL国際環境《かんきょう》使節団の公式報告書。

5

環境にやさしい大会だったのか？

環境《かんきょう》への配慮《はいりょ》はなされたが、現在も傷《きず》あとがのこる。

りんごジュースのしぼりかすとパルプで作った、リサイクル可能なお皿。

長野大会では、大会理念に「美しく豊かな自然との共存《きょうぞん》」をかかげていたため、さまざまな点で環境《かんきょう》への配慮《はいりょ》がおこなわれた。なかでも、小動物の生活に配慮し地形や植物の生態系《せいたいけい》をまもるために、工事現場の土を保存《ほぞん》して再利用する「表土復元工法《ひょうどふくげんこうほう》」は画期的な工夫だ。ユニフォームのリサイクル、ペットボトルを利用したスキーのコースづくりなども実施《じっし》された。また、開会式で飛ばす平和の象徴《しょうちょう》のハトには、自然にもどりやすい素材でつくられた鳩形《はとがた》の風船１９９８個がもちいられた。

オオタカの生活に配慮して、スキーの滑降《かっこう》コースが志賀高原《しがこうげん》の岩菅山《いわすげやま》から八方尾根《はっぽうおね》に変更《へんこう》されたことは前にのべた（１２４ページ参照）。長野大会ではこのように新たな開発を最小限にとどめたとされる。だが、ボブスレー・リュージュ会場となった「スパイラル」は山全体がコースになってしまったし、スパイラルへ向かう道路としてループ橋が新設されたことでも環境破壊《はかい》はさけられなかった。今ではこの「スパイラル」は使用されなくなり、環境の傷《きず》あととなっている。志賀高原と長野市内と白馬《はくば》の会場を結ぶ「オリンピック道路」の建設（１２４ページ参照）なども合わせると、環境との共存は簡単ではなかった。

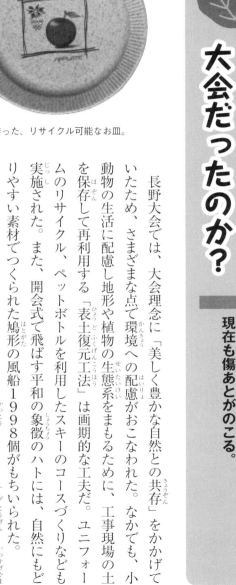

1 どうなる、2020年の聖火《せいか》リレーは？

福島県からスタートする「復興《ふっこう》の火」。

2008年北京《ペキン》大会での国際聖火《せいか》リレーの混乱以後、聖火リレーのコースが開催《かいさい》国内のみになった（61ページ参照）が、IOCはさらにリレー日数を原則100日間以内、分火もしないという「100日ルール」をさだめた。2020年東京大会でも、基本的にこのルールにしたがって聖火リレーが計画されている。

コンセプトは「Hope Lights Our Way（希望の道を、つなごう）」。全国47都道府県をまわるが、日数の合計は移動日を含め121日間と少し長い。開催都市である東京都内は15日間。「震災復興《しんさいふっこう》」という大会コンセプトによって、東日本大震災《だいしんさい》で被災《ひさい》した岩手県、宮城県、福島県にそれぞれ3日間をかけ、東京都以外で競技を実施《じっし》する埼玉県、千葉県、神奈川県、静岡県についてもそれぞれ3日をあてる。そして残りの39道府県は各2日で走りきるというスケジュールだ。「復興オリンピック」をアピールするため、福島県からスタートするとともに、ギリシャで採火《さいか》した聖火を「復興の火」として被災3県で展示《てんじ》する予定である。

1964年東京大会の際には1人の聖火ランナーに対して20人の高校生のエスコートランナーが伴走《ばんそう》し、聖火リレーの体験を共有したが、2020年にはどんな趣向《しゅこう》がこらされるのかに注目したい。

1964年東京大会。岡山県の田園地帯を走る聖火《せいか》リレーのランナーたち。

2

2020年のオリンピック休戦は？

平和を願って鶴《つる》を折る運動がおこなわれている。

２０１９年秋の国連総会では２０２０年東京大会にむけた「オリンピック休戦」の決議がおこなわれる予定である。組織委員会ではこのほか、「オリンピック休戦」のアピールとして、日本ユニセフ協会とユニセフ（国連児童基金）の協力をえて「ＰＥＡＣＥ　ＯＲＩＺＵＲＵ（ピース　オリヅル＝平和の折り鶴《づる》）」というとりくみをおこなっている。オリンピック休戦について学ぶとともに、オリンピックやパラリンピックを通じた平和な世界をつくるために、折り鶴のはねに平和メッセージを書きこむ、という活動である。２０１８年4月６日、「開発と平和のためのスポーツ国際デー」に合わせて始まったこの平和運動は、２０２０年の大会開催《かいさい》時まで続けられる。

平和の折り鶴は、１９４５年に広島に落とされた原爆《げんばく》によって被《ひ》ばくし、鶴を折って快復《かいふく》を願いながら亡《な》くなった佐々木禎子《ささきさだこ》さんの物語を通して平和な世界をもとめるメッセージとして知られている。広島市平和記念公園にある「原爆の子の像」のモデルが佐々木さんだ。

また慣例にしたがって、平和のメッセージとして開会式で象徴的《しょうちょうてき》にハトが飛ばされ、選手村には、「オリンピック休戦賛同の壁画《へきが》」（64ページ参照）が設置されることになる。

データをダウンロードして折ることができる「ピース オリヅル」。

3 文化プログラムはおこなわれている？

多くの組織がさまざまな企画《きかく》をおこなっている。

２０２０年東京大会にむけては、東京都や文化庁《ぶんかちょう》、組織委員会、民間団体などさまざまな組織によって「文化プログラム」が展開《てんかい》されている。

まず東京都オリンピック・パラリンピック教育では、世界の五大陸の５ヵ国の文化を理解し、交流しようという「世界ともだちプロジェクト」がおこなわれている。

文化庁は、「『文化力』プロジェクト」という名で日本全国の地方自治体や民間と協力して「観光立国」や「文化芸術立国」をめざすプログラムを実施《じっし》している。内閣官房《ないかくかんぼう》は日本文化の魅力《みりょく》を発信するプログラム「ｂｅｙｏｎｄ２０２０」をスタート。

東京２０２０組織委員会は、「参画プログラム」として、政府や自治体、スポンサーが実施する「公認プログラム」、非営利団体や商店街などが実施する「応援《おうえん》プログラム」の２種類のプログラムをおこなっている。東京都は、「Ｔｏｋｙｏ Ｔｏｋｙｏ ＦＥＳＴＩＶＡＬ」というプログラムを独自《どくじ》に計画している。さらに民間では、大会の公式スポンサーも「公認プログラム」とは別に独自の文化プログラムを実施。そのほか多くの団体がさまざまな企画《きかく》をおこなっている。

２０２０年４月から開催《かいさい》される組織委員会主催の「東京２０２０ＮＩＰＰＯＮフェスティバル」は、洋の東西を代表する文化・芸術の融合《ゆうごう》の舞台《ぶたい》で幕《まく》をあける。７月ごろからは日本文化を通じてさまざまな人が交流する場やイベントを、パラリンピック直前の８月ごろからは、障《しょう》がい者やＬＧＢＴ（※）を含めた多様な人々がさまざまなアートやパフォーマンスをおこなう。そして「復興《ふっこう》オリンピック」のアピールとして、５月から７

※LGBT：同性愛者、両性愛者、自分の体の性と自分が認識する性が一致していない人の総称《そうしょう》。多様な性のあり方をさす言葉。

月にかけて東北各地と東京を舞台とした文化プログラムを展開し、国内外へ東北の現在の姿《すがた》を発信する予定である。

このように、２０２０年大会の文化プログラムは乱立状態《らんりつじょうたい》といえる。そのため、これらをうまくとりまとめるコーディネーターが必要だ。また、最初にあげた東京都オリピック・パラリンピック教育以外の多くのプログラムは、日本文化の盛り上げをおもな目的としているという問題点がある。組織委員会は「国内外へ日本のさまざまな文化をＰＲするため、日本らしさを表現し、歴史に残る文化プログラムを全国各地で実施することを目指している」「２０２０年には全員が文化日本代表となって世界を驚《おどろ》かせましょう！」とうたっているが、ここには日本文化中心主義にもとづいた発想が感じられる。オリンピズムの理念にのっとり、自国中心主義ではなく、異文化《いぶんか》理解と相互《そうご》交流をめざすとりくみがふえることを期待したい。また、このような文化プログラムをささえる文化ボランティアの養成も望まれる。

beyond2020のロゴマーク。

Tokyo Tokyo FESTIVALのロゴマーク。

4

「ようい、ドン！」ってなに？

東京都も組織委員会もさまざまな学習のとりくみをおこなっている。

「ようい、ドン！」。これは、東京都と東京２０２０組織委員会が実施《じっし》している、２０２０年東京大会にむけたオリンピック・パラリンピック教育の愛称《あいしょう》だ。

東京都は、２０１６年度からオリンピック・パラリンピック学習読本と映像《えいぞう》教材を作成し、東京都内すべての小・中・高校で年間35時間の学習を実施している。４つのテーマ「オリンピック・パラリンピックの精神」「スポーツ」「文化」「環境《かんきょう》」と４つのアクション「まなぶ」「みる」「する」「ささえる」をかけ合わせた４×４の基本的なわく組みにもとづいておこなわれ、「東京ユースボランティア」「スマイルプロジェクト」「夢・未来プロジェクト」「世界ともだちプロジェクト」（１６４ページ参照）という４つの学習プロジェクトも同時に実施されている。東京都は、これらの活動を通して「ボランティアマインド」「障《しょう》がい者理解」「スポーツ志向」「日本人としての自覚と誇り」「豊かな国際感覚」の５つの資質を育てることを目標としている。東京都教育委員会のウェブサイトではこの学習のための資料が紹介され、各校のとりくみも紹介されているので、ぜひ見てみよう。英語版のウェブページも用意されており、世界に向けて情報が発信されている。

オリンピック・パラリンピック組織委員会は、東京２０２０教育プログラム特設サイト「ＴＯＫＹＯ２０２０ ｆｏｒ ＫＩＤＳ」を立ち上げた。ここには国際パラリンピック委員会公認教材『I'mPOSSIBLE』、ＩＯＣ公認教材『ＯＶＥＰ（オリンピック価値教育プログラム）』、東京都のオリンピック・パラリンピック学習教材が公開されている。

また組織委員会は、オリンピック・パラリンピック教育をおこなう学校を「ようい、ドン！スクール」として認証する「東京2020教育プログラム学校事業認証」を実施し、教育の全国へのひろがりをねらっている。2018年8月1日現在で、すでに「ようい、ドン！スクール」は1万4千校を超え、認証校に対しては、アスリートやマスコットの学校訪問《ほうもん》などが実施されている。児童、生徒向けには、子どもたちが自主的に学習できるようなオンライン学習のページもある。海外から来た人々を英語でもてなすための英語学習コンテンツをふくめた内容である。

民間企業《きぎょう》による学習プログラムもおこなわれている。たとえば、パナソニックセンター東京では、「アクティブラーニングキャンプ」を常設し、子どもたちがいつでも学べるようにしている。

小学校でおこなわれているオリンピック教育（筆者による授業風景）。

5

２０２０年以後、何がのこるの？

のこすのは建物や道路、鉄道だけではない。大切なのは人間の生き方というヒューマン・レガシー。

「全員が自己《じこ》ベスト」「多様性と調和」「未来への継承《けいしょう》」。これが２０２０年東京大会の３つの基本コンセプトである。「未来への継承」は、オリンピック・パラリンピックの開催《かいさい》によって長期的に良い影響《えいきょう》をのこすことを意味し、これを「レガシー」（遺産《いさん》）とよぶ。

組織委員会がかかげる「みんなの輝《かがや》き、つなげていこう。Ｕｎｉｔｙ　ｉｎ　Ｄｉｖｅｒｓｉｔｙ」というメッセージの「つなげていこう」の部分には、そのコンセプトがこめられている。大切なのは、どのようなレガシーをのこすかということなのだ。

１９６４年東京大会では、開催にむけて東海道新幹線《とうかいどうしんかんせん》、首都高速道路、地下鉄などの整備をおこなったことで東京の街は大きく近代化した。このような「もの」のレガシーを「ハードのレガシー」とよんでいる。２０２０年東京大会でも、駅のエスカレーターの設置や競技会場への交通アクセスなど、ハードのレガシーは改善《かいぜん》されていくであろう。

では、ものの考え方や多様な人々とのつき合い方のような、「ソフトのレガシー」のほうはどうなるだろうか。「みんなの輝き、つなげていこう。Ｕｎｉｔｙ　ｉｎ　Ｄｉｖｅｒｓｉｔｙ」は、国籍《こくせき》、人種《じんしゅ》、性別、年齢《ねんれい》、障《しょう》がいのあるなしなどにかかわらず、さまざまな人々が調和して生きる「共生社会」をめざそうというメッセージである。また、東京都がオリンピック・パラリンピック教育で子どもたちに身につけてほしいとする「ボランティアマインド」「障がい者理解」「スポーツ志向」「日本人としての自覚と誇り」「豊かな国際感覚」の５つもソフトのレガシーという。このような、人間の生き方や考え方にかかわるレガシーを、とくに「ヒューマン・

レガシー」とよびたい。

さて、オリンピック・パラリンピックがめざす平和な社会の「平和」とは、どのようなものであろうか。ノルウェーの平和研究者ヨハン・ガルトゥングは、つぎのように言う。

単に戦争や紛争《ふんそう》がない状態のことを、「消極的平和（ネガティブ・ピース）」とよび、抑圧《よくあつ》・搾取《さくしゅ》・人権無視《じんけんむし》などの社会的不正がない状態、つまり「社会によってつくられた暴力《ぼうりょく》がない状態」を「積極的平和（ポジティブ・ピース）」とよぶ。この「積極的平和」こそが大切だとガルトゥングは主張している。

べつの言い方をすれば、「平和とは『人間の基本的な必要』がすべて満たされた社会の状態」。この「人間の基本的な必要」とは、生存《せいぞん》、福祉《ふくし》、自己、自由など、人間が人間として生きていくために最低限必要なものとされる。このような平和な生き方ができる社会をめざす姿勢《しせい》や活動こそ、「ヒューマン・レガシー」とよべるだろう。そして、オリンピックはそのような世界をめざしている。

TOKYO 2020
みんなの輝き、
つなげていこう。
Unity in Diversity
アラブイスラーム学院
・大使館訪問

「みんなの輝き、つなげていこう。Unity in Diversity」のバナー（のぼり旗）。

1 ＩＯＣのアジェンダ2020ってなに？

未来にわたってオリンピックを改善《かいぜん》していくための提言。

巨大化《きょだいか》の一途《いっと》をたどったオリンピック・パラリンピックは21世紀に入り、「開催《かいさい》に経費がかかりすぎることによる立候補《りっこうほ》都市の減少」が問題になった。２０２２年冬季大会の招致《しょうち》でも、最有力候補《こうほ》といわれたノルウェーのオスロが最後になって財政の負担《ふたん》が大きいことを理由に辞退《じたい》し、混乱《こんらん》した。未来にわたってオリンピックを盛《も》りあげていくためには、開催都市に負担がかからず、かつ魅力的《みりょくてき》な大会になるような改革《かいかく》が必要であった。また、環境《かんきょう》への影響《えいきょう》や、若者《わかもの》のスポーツばなれなど、現代の課題にも立ち向かわなければならない。そこで、ＩＯＣバッハ会長のリードのもとに1年間をかけてまとめられ、２０１４年12月のＩＯＣ臨時総会で採択《さいたく》されたのが、20＋20の40の改革案からなる「オリンピック・アジェンダ２０２０」である。

改革の柱のひとつは、招致にかかわる経費を減らし、開催都市にとっての魅力を増やすこと。まず、候補都市になる前の早い段階《だんかい》から都市とＩＯＣが相談し、参加するかどうかを判断する「対話ステージ」を導入した。また、ひとつの都市で開催する場合の経費の負担を減らすため、同じ国の複数の都市での開催や、国境をまたいでちがう国どうしが一緒《いっしょ》に開催する共同開催をみとめた。さらに、開催都市が希望する競技種目を複数追加できることにした。

改革の柱のふたつめは、若者のスポーツばなれをくいとめる方策だ。若者むけのスポーツの導入や若者たちのスポーツ支援《しえん》教育の実施《じっし》、地域《ちいき》社会との連携《れんけい》強化のとりくみ、開発途上国《とじょうこく》でスポーツがしやすくなる環境をととのえる「Ｓｐｏｒｔ　ｆｏｒ　Ｈｏｐｅ」プログラムの実施、ユースオリンピックの見直しなどである。

そのほか、男女平等を推進《すいしん》するための男女混合種目の導入や、障《しょう》がいをもつ人々やＬＧＢＴなどの多様な性に配慮《はいりょ》した根本原則の改正、サステナビリティに配慮した競技大会の運営、ドーピングや八百長《やおちょう》などから選手をまもるための方策《ほうさく》、ＩＯＣがオリンピズムという理念を独自《どくじ》に発信できる「オリンピック・チャンネル」の創設《そうせつ》、トップスポンサーとのつながりの強化などなど、「オリンピック・アジェンダ２０２０」では未来に向けたさまざまな提言をおこなっている。

オリンピックに直接関係のある国際競技連盟《れんめい》（ＩＦ）、各国のオリンピック委員会（ＮＯＣ）、そしてＩＯＣそのものについて、透明《とうめい》で正しいあり方をまもるための提言もふくまれている。

「オリンピック・アジェンダ2020」英語版の表紙。

2

若者《わかもの》に人気の競技はどのようにおこなわれる？

2020年はサーフィン、スケートボード、スポーツクライミングに注目。

IOCの「オリンピック・アジェンダ2020」によって、開催《かいさい》都市は希望する競技種目を複数追加することができるようになった。この方式が最初におこなわれるのが、2020年東京大会である。東京大会では開催都市による追加競技として、日本で伝統のある空手《からて》と野球・ソフトボールの2競技にくわえ、若者《わかもの》たちに人気のあるサーフィン、スケートボード、スポーツクライミングの3競技が採用された。若者に人気のある種目を入れることにも、若者どうしの交流を増やしたり、若者のスポーツばなれを食い止めたりしようというIOCのねらいがあらわれている。

2020年東京大会で初めて実施《じっし》されるサーフィン、スケートボード、スポーツクライミングの3種目の競技方法を紹介しよう。

サーフィンで使用するサーフボードには、長いロングボードと短めのショートボードがあるが、オリンピックの競技はショートボードでおこなう。男女別に20人ずつが競技をし、波を乗りこなすライディングテクニックをジャッジが採点して勝敗を決める。評価されるのは、難易度《なんいど》の高さ、オリジナリティ、スピード、ダイナミックさなどだ。選手たちは、決められた時間内に10本前後のライディングをおこない、評価の高い2本の合計点によって得点が決まる。

スケートボードでは、「ストリート」と「パーク」の2種目が実施される。階段《かいだん》や手すり、縁石《えんせき》やベンチなどをかたどった構造物がおかれたコースでさまざまなトリック（技）をくり出す「ストリート」では、技の難易度や高さ、スピード、オリジナリティ、完成度、全体の流れから総合的に採点される。「パーク」では、お

シンガポールのスポーツ複合施設《しせつ》に設置されているスポーツクライミングの壁《かべ》。

椀形《わんがた》のわん曲した傾斜《けいしゃ》を利用して一気にすべりおりたり、かけあがったりしてくり出す空中のトリックが中心となる。空中に飛び出したときのボードのつかみ方や、回転のしかた、空中姿勢《しせい》などの難易度とオリジナリティが採点される。

スポーツクライミングで実施される種目は、高さ15メートルの壁《かべ》を、ロープをつけた2人の選手が同時に登り速さをきそう「スピード」、ロープをつけず高さ4メートルの壁を制限時間内にいくつ登れるかをきそう「ボルダリング」、ロープをつけて制限時間内に高さ15メートル以上の壁のどの地点まで登れるかをきそう「リード」の3つである。東京大会では、各選手がこの3種目をすべておこない、その合計で順位が決められる。どんな戦いがくり広げられるのかが楽しみだ。

3

人権《じんけん》をまもるオリンピックとは？

さらに人権《じんけん》を保護するようオリンピック憲章《けんしょう》を変更《へんこう》。

オリンピックは平和運動であり、オリンピックに関わろうとする人々すべての人権《じんけん》が保障《ほしょう》されなければならない。そのためにIOCは、これまでも国連などと連携《れんけい》しながらスポーツにおいて人権をまもる活動をおこなってきた。

「オリンピック・アジェンダ2020」ではさらに、オリンピック憲章《けんしょう》にしるされている「オリンピズムの根本原則第6項《こう》を強化する」という提案がなされた。このオリンピズムの根本原則第6項は、もともと「いかなる種類の差別も撤廃《てっぱい》する」という人権保護《ほご》についての内容だったが、IOCはここに新たに「性的指向」（異性愛、同性愛などのこと）についての文をくわえることにしたのである。新旧の根本原則第6項は次の通りだ。

旧「6．人種、宗教《しゅうきょう》、政治、性別、その他の理由による、国または個人に関する差別はいかなる形態であれ、オリンピック・ムーブメントと相容れない」

新「6．このオリンピック憲章の定める権利《けんり》および自由は人種、肌《はだ》の色、性別、性的指向、言語、宗教、政治的またはその他の意見、国あるいは社会的な出身、財産、出自やその他の身分などの理由による、いかなる種類の差別も受けることなく、確実に享受《きょうじゅ》されなければならない」（2017年JOC訳《やく》版）

新版の文章では旧版にくらべ、「権利」と「自由」をだれもが持っているということが強調されている。

このようにIOCは、オリンピック憲章の差別禁止《きんし》の条項《じょうこう》を見なおし、その改訂《かいてい》を「オリンピック・アジェンダ2020」と同時に決めた。しかも、その条文のスタイルを国連の「世界人権宣言《せんげん》」に近い表現に変更《へんこう》したのである（世界人権宣言・第二条　1．すべて人は、人種、皮膚《ひふ》の色、性、言語、宗教、政治上その他の意見、国民的若《も》しくは社会的出身、財産、門地その他の地位又《また》はこれに類するいかなる事由による差別をも受けることなく、この宣言に掲げるすべての権利と自由とを享有《きょうゆう》することができる）。

　現在関心が高まっているＬＧＢＴをはじめとする性の多様性にかかわる人権の保護に、ＩＯＣが積極的かつすみやかに乗り出したことがわかる。

「オリンピック・アジェンダ２０２０」では、「男女平等を推進《すいしん》する」という提言もおこなっている。具体的には、「ＩＯＣは国際競技連盟《れんめい》と協力し、オリンピック競技大会への女性の参加率50パーセントを実現し、オリンピック競技大会への参加機会を拡《かく》大《だい》することにより、スポーツへの女性の参加と関与を奨励《しょうれい》する」「ＩＯＣは男女混合の団体種目の採用を奨励する」という方針《ほうしん》である。この方針にもとづいて、テニスやバドミントン、卓球《たっきゅう》のようなネット競技での混合ダブルス種目が導入され、さらに、カーリングなどでも男女混合チームの種目を導入したのである。

卓球《たっきゅう》混合ダブルスの試合。

4 国をまたぐオリンピック開催《かいさい》が可能に？

開催《かいさい》希望都市の辞退がつづく。2つの大会の開催地を一度に決めたＩＯＣ。

夏季・冬季ともに大会を開催《かいさい》しようという都市が大きく減っていることは、オリンピックにとって現在もっとも大きな問題だ。オリンピックの巨大化《きょだいか》にともなって経費が大幅に増えたことにくわえ、大会の開催よりも福祉《ふくし》や教育に予算をまわすよう求める住民の反対が大きくなり、立《りっ》候補《こうほ》することもむずかしくなっているのである。

これを受けてＩＯＣは、「オリンピック・アジェンダ２０２０」の第１提言で、招致《しょうち》と開催について柔軟《じゅうなん》な姿勢《しせい》を打ち出した。同一国内での複数都市による開催や、複数の国の都市での開催をゆるしたのだ（１７０ページ参照）。この方式にしたがって、２０２６年冬季大会の招致で、スウェーデンのストックホルムが、バルト海をはさんだラトビアのシグルダにあるボブスレー会場を利用するという計画を進めている。

ＩＯＣは、このような改善策《かいぜんさく》を打ち出してもなお、開催都市に立候補する都市が少なくなることに危機感《ききかん》を持っている。これまで通りなら４年ごとに１大会ずつ未来の開催地を決めるところを、２０２４年パリ大会と２０２８年ロサンゼルス大会を同時に決定したのも、ＩＯＣの苦肉の策《さく》であった。２０２６年と２０３０年の冬季大会の開催都市も、同時に決定されることになるかもしれない。

2024年ロサンゼルス大会招致のロゴマーク。こちらは2028年になった。

2024年パリ大会招致《しょうち》のロゴマーク。

5

アフリカ大陸での開催《かいさい》はあるの？

すべての大陸でオリンピックが開催《かいさい》される日はくるのだろうか。

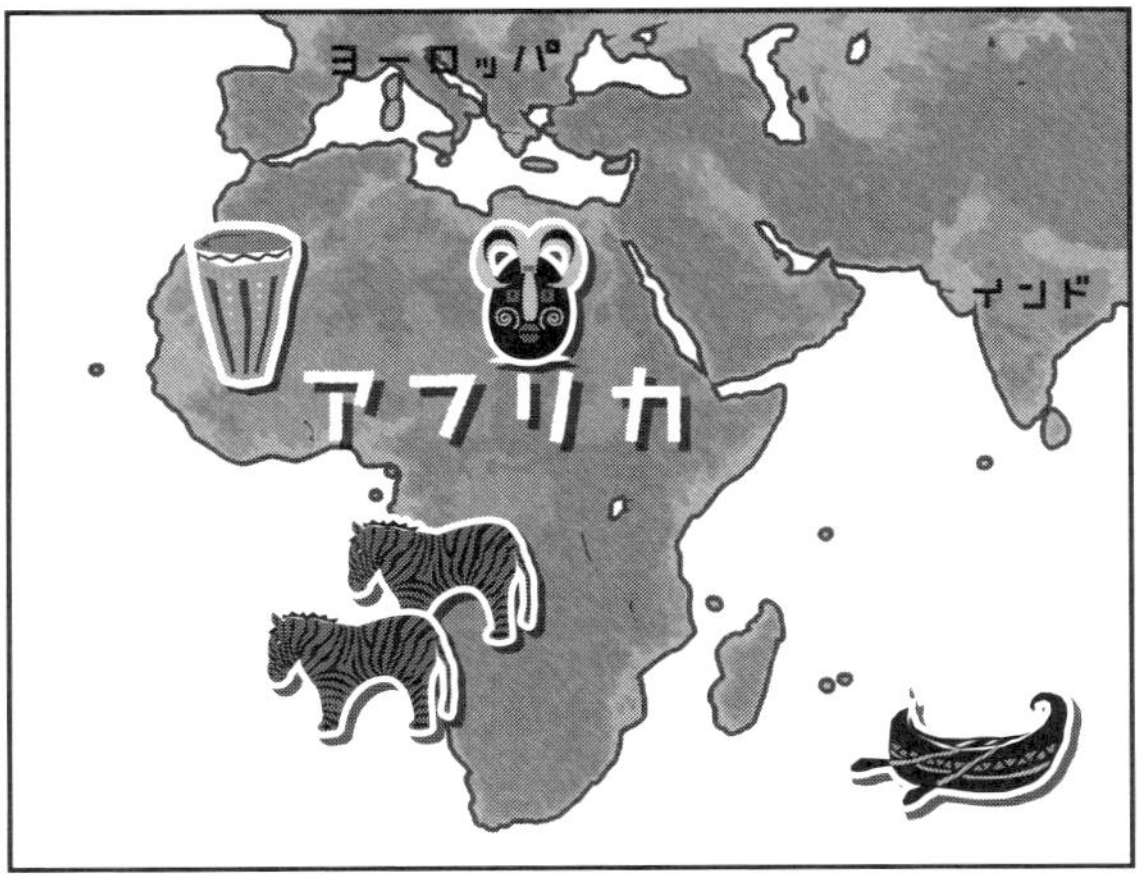

1894年のIOC設立時、クーベルタンはオリンピックの開催《かいさい》都市を1ヵ所とさだめず、世界各都市の持ちまわり方式に決めた。これは五大陸の連帯を理想としたことにくわえ、世界各地にオリンピズムの考えを広めていくためでもあった。だが、クーベルタンのこの考えにもとづくと、いまだにアフリカ大陸でオリンピック・パラリンピック大会の開催が実現していないことは問題である。

2016年リオデジャネイロ大会は、南米大陸で初めての開催であることが開催都市決定の大きな理由となった。アフリカでは南アフリカ共和国が2010年にFIFAワールドカップを開催しているため、この実績によって、アフリカ大陸初のオリンピック開催国となるかもしれない。また、「オリンピック・アジェンダ2020」によって国をまたいだ複数都市の開催も可能になったため、アフリカの複数の国にまたがってのオリンピック開催も実現するかもしれない。

さらに、15歳《さい》から18歳までの約3000人が参加するユースオリンピック（YOG）は、小規模《しょうきぼ》ではあるがオリンピズムの普及《ふきゅう》にとって重要な大会である。IOCは現在YOGのアフリカ大陸での開催を計画している。5つめの大陸でオリンピックの開催が実現される日を楽しみに待ちたい。

あとがき

　2020年オリンピック・パラリンピック東京大会がもうすぐ開催《かいさい》される。いったいどのような大会になるのだろうか？　「オリンピズム」にもとづいた平和への大会になるのであろうか？　みなさんはどのように大会に関わるのだろうか？

　オリンピックの世界は、じつは国際政治に大きくゆれている。

　2018年平昌《ピョンチャン》冬季大会では南北朝鮮《ちょうせん》統一問題が大きくとりあげられた。2014年ソチ冬季大会では、開催国ロシアのドーピング疑惑《ぎわく》が大問題となった。このソチ大会では、オリンピックが閉会《へいかい》しパラリンピック開会の前に、ロシア軍によるクリミア半島侵攻《しんこう》という国際紛争《ふんそう》がおこった。国連総会で決まった、オリンピック・パラリンピックの期間中は「オリンピック休戦」しようという約束をロシアはまもらなかったのである。このように、国際政治にゆれるオリンピックの現実がある。このようなときこそ、私たちは「オリンピズム」を確認して、平和をもとめるオリンピック・パラリンピックであるために、なにをすべきか考える必要がある。

２０２０年東京大会は、パラリンピックに力を入れた「共生社会」をめざそうとしているとされる。それは、これからみんなが安心して豊かに幸せに生きていくことができる社会を作っていくためである。そのためにも「オリンピズム」の考えは重要になる。スポーツと文化・芸術を通じて、心身ともに調和のとれた人間を育成し、平和な世界を作っていこうという「オリンピズム」の考え方は、さまざまな国際的な問題や社会的な問題を解決していくための指針《ししん》を示してくれると思われる。そのためにもこの本の19章5項《こう》で指摘《してき》したような「ヒューマン・レガシー」を大切にする２０２０年東京大会になってほしいと切に願うものである。

最後に、本書を出版するにあたって、ライターの美甘玲美《みかもれみ》さん、編集担当《へんしゅうたんとう》のジャニスの大野益弘《おおのますひろ》さんにはたいへんお世話になった。ここに記して感謝《かんしゃ》申し上げたい。

平成30年10月10日

舛本直文《ますもとなおふみ》

◆ オリンピック・パラリンピック競技大会開催地一覧 ◆

オリンピック夏季競技大会

回	開催年	開催都市	国
1	1896	アテネ	ギリシャ
2	1900	パリ	フランス
3	1904	セントルイス	アメリカ
4	1908	ロンドン	イギリス
5	1912	ストックホルム	スウェーデン
6	1916	ベルリン（中止）	ドイツ
7	1920	アントワープ	ベルギー
8	1924	パリ	フランス
9	1928	アムステルダム	オランダ
10	1932	ロサンゼルス	アメリカ
11	1936	ベルリン	ドイツ
12	1940	東京（返上、中止）	日本
13	1944	ロンドン（中止）	イギリス
14	1948	ロンドン	イギリス
15	1952	ヘルシンキ	フィンランド
16	1956	メルボルン（馬術のみスウェーデンのストックホルム）	オーストラリア
17	1960	ローマ	イタリア
18	1964	東京	日本
19	1968	メキシコシティー	メキシコ
20	1972	ミュンヘン	西ドイツ
21	1976	モントリオール	カナダ
22	1980	モスクワ	ソビエト連邦
23	1984	ロサンゼルス	アメリカ
24	1988	ソウル	韓国
25	1992	バルセロナ	スペイン
26	1996	アトランタ	アメリカ
27	2000	シドニー	オーストラリア
28	2004	アテネ	ギリシャ
29	2008	北京	中国
30	2012	ロンドン	イギリス
31	2016	リオデジャネイロ	ブラジル
32	2020	東京（まもなく開催）	日本
33	2024	パリ（開催予定）	フランス
34	2028	ロサンゼルス（開催予定）	アメリカ

オリンピック冬季競技大会

回	開催年	開催都市	国
1	1924	シャモニー・モンブラン	フランス
2	1928	サンモリッツ	スイス
3	1932	レークプラシッド	アメリカ
4	1936	ガルミッシュ・パルテンキルヘン	ドイツ
5	1948	サンモリッツ	スイス
6	1952	オスロ	ノルウェー
7	1956	コルチナ・ダンペッツォ	イタリア
8	1960	スコーバレー	アメリカ
9	1964	インスブルック	オーストリア

回	開催年	開催都市	国
10	1968	グルノーブル	フランス
11	1972	札幌	日本
12	1976	インスブルック	オーストリア
13	1980	レークプラシッド	アメリカ
14	1984	サラエボ	ユーゴスラビア
15	1988	カルガリー	カナダ
16	1992	アルベールビル	フランス
17	1994	リレハンメル	ノルウェー
18	1998	長野	日本
19	2002	ソルトレークシティ	アメリカ
20	2006	トリノ	イタリア
21	2010	バンクーバー	カナダ
22	2014	ソチ	ロシア
23	2018	平昌	韓国
24	2022	北京（開催予定）	中国

パラリンピック夏季競技大会

回	開催年	開催都市	国
1	1960	ローマ	イタリア
2	1964	東京	日本
3	1968	テルアビブ	イスラエル
4	1972	ハイデルベルク	西ドイツ
5	1976	トロント	カナダ
6	1980	アーネム	オランダ
7	1984	ニューヨーク／ストーク・マンデビル（アイルズベリー）	アメリカ／イギリス
8	1988	ソウル	韓国
9	1992	バルセロナ	スペイン
10	1996	アトランタ	アメリカ
11	2000	シドニー	オーストラリア
12	2004	アテネ	ギリシャ
13	2008	北京	中国
14	2012	ロンドン	イギリス
15	2016	リオデジャネイロ	フラジル
16	2020	東京（まもなく開催）	日本

パラリンピック冬季競技大会

回	開催年	開催都市	国
1	1976	エンシェルツヴィーク	スウェーデン
2	1980	ヤイロ	ノルウェー
3	1984	インスブルック	オーストリア
4	1988	インスブルック	オーストリア
5	1992	ティーニュ／アルベールビル	フランス
6	1994	リレハンメル	ノルウェー
7	1998	長野	日本
8	2002	ソルトレークシティ	アメリカ
9	2006	トリノ	イタリア
10	2010	バンクーバー	カナダ
11	2014	ソチ	ロシア
12	2018	平昌	韓国
13	2022	北京（開催予定）	中国

〈主要参考文献など〉
● 基礎的文献（小中学生向け）
石出法太・石出みどり（2016）これならわかるオリンピックの歴史Q&A．大月書店．

市居　愛（2015）オリンピックボランティアになるための本．インプレスジャパン．

大野益弘・髙橋玲美（2016）オリンピックとっておきの話108．メディアパル．

清水ひろし（2015）16歳から知るオリンピックの軌跡．彩流社．

西川千春（2018）東京オリンピックのボランティアになりたい人が読む本．イカロス出版．

日本オリンピック・アカデミー（監修）（2016）ほんとうにあったオリンピックストーリーズ．講談社．

日本オリンピック・アカデミー（編著）（2016）JOAオリンピック小事典．メディアパル．

平田竹男・河合純一・荒井秀樹（編著）（2016）パラリンピックを学ぶ．早稲田大学出版部．

吹浦忠正（監修）（2016）オリンピックのクイズ図鑑．学研．

舛本直文（監修）（2013～2017）写真で見るオリンピック大百科（全７巻）．ポプラ社．

吉田秀樹（2012）オリンピックと平和．仮説社．

PHP研究所（編）（2014）オリンピックまるわかり事典．PHP研究所．

● 発展的文献（もっと勉強したい人向け）
石坂友司（2018）現代オリンピックの発展と危機1940-2020．人文書院．

石坂友司・小澤考人（編著）（2015）オリンピックが生み出す愛国心．かもがわ出版．

石堂典秀他（編著）（2016）知の饗宴としてのオリンピック．エイデル研究所．

伊藤　公（2013）オリンピック裏話～あなたもこれで五輪雑学博士．ぎょうせい．

内海和雄（2012）オリンピックと平和．不昧堂出版．

岡　邦行（2013）大島鎌吉の東京オリンピック．東海教育研究所．

小川　勝（2016）東京オリンピック　「問題」の核心は何か．集英社．

小路田泰直他（編著）（2018）〈ニッポン〉のオリンピック．青弓社．

川成　洋（1992）幻のオリンピック．筑摩書房．

楠見千鶴子（2004）ギリシアの古代オリンピック．講談社．

佐山和夫（2017）オリンピックの真実．潮出版社．

佐藤次郎（2013）東京五輪1964．文藝春秋．

ジム・パリー、ヴァシル・ギルギノフ（著）舛本直文（訳著）（2008）オリンピックのすべて．大修館書店．

杉山　茂他（編）（2016）オリンピックは社会に何を遺せるのか．創文企画．

武田　薫（2008）オリンピック全大会．朝日新聞社．

中村太郎（2002）パラリンピックへの招待．岩波書店．

日本体育協会（監修）菊　幸一（編著）（2014）現代スポーツは嘉納治五郎から何を学ぶのか．ミネルヴァ書房．

野地秩嘉（2011）TOKYOオリンピック物語．小学館．

橋場　弦・村田奈々子編（2016）学問としてのオリンピック．山川出版社．

人見絹枝（1997）人見絹枝：炎のスプリンター．日本図書センター．

ベースボール・マガジン社（編）（1985）人間　田畑政治　オリンピックと共に五十年．ベースボール・マガジン社．

間野義之（2013）オリンピック・レガシー：2020年東京をこう変える！ ポプラ社．

結城和香子（2004）オリンピック物語：古代ギリシャから現代まで．中央公論新社．

結城和香子（2014）オリンピックの光と影．中央公論新社．

ローラント・ナウル（2016）オリンピック教育．大修館書店．

（50音順）

● 主要ウェブサイト（英文サイトも）
国際オリンピック委員会（IOC）： https://www.olympic.org/
国際パラリンピック委員会（IPC）： https://www.paralympic.org/
日本オリンピック委員会（JOC）： https://www.joc.or.jp/
日本パラリンピック委員会（JPC）： http://www.jsad.or.jp/paralympic/jpc/
国際オリンピック・アカデミー（IOA）： http://ioa.org.gr/
日本オリンピック・アカデミー（JOA）： http://olympic-academy.jp/

東京オリンピック・パラリンピック競技大会組織委員会： https://tokyo2020.org/jp/organising-committee/
東京都オリンピック・パラリンピック準備局： http://www.2020games.metro.tokyo.jp/
東京都オリンピック・パラリンピック教育： https://www.o.p.edu.metro.tokyo.jp/
国際オリンピック休戦センター（IOTC）： http://olympictruce.org/index.php?lang=en
IOCオリンピック研究センター（OSC）： https://www.olympic.org/olympic-studies-centre
LA84デジタルライブラリーコレクション検索ページ： http://search.la84.org/search?site=default_collection&client=default_frontend&output=xml_no_dtd&proxystylesheet=default_frontend&proxycustom=%3CHOME/%3E

● 画像引用

BERGVALL, ERIK. THE SWEDISH OLYMPIC COMMITTEE, THE OFFICIAL REPORT OF THE OLYMPIC GAMES OF STOCKHOLM 1912, WAHLSTRÖM & WIDSTRAND STOCKHOLM
CONCOURS INTERNATIONAUX D'EXERCICES PHYSIQUES ET DE SPORTS RAPPORTS, EXPOSITION UNIVERSELLE INTERNATIONALE DE 1900 À PARIS, PARIS IMPRIMERIE NATIONALE
INTERNATIONAL SOCIETY OF OLYMPIC HISTORIANS, JOURNAL OF OLYMPIC HISTORY VOLUME25 NUMBER1 2017
IOC, Olympic Agenda 2020, International Olympic Committee
IOC, Olympic Charter 2017, International Olympic Committee
OLYMPIC GAMES ANTWERP 1920 OFFICIAL REPORT, the Belgium Olympic Committee
ORGANISATIONSKOMITEE FÜR DIE XI. OLYMPIADE BERLIN 1936 E. V., THE XIth OLYMPIC GAMES BERLIN, 1936 OFFICIAL REPORT, WILHELM LIMPERT
ROSSEM, G. VAN. THE NETHERLANDS OLYMPIC COMMITTEE, THE NINTH OLYMPIAD BEING THE OFFICIAL REPORT OF THE OLYMPIC GAMES OF 1928 CELEBRATED AT AMSTERDAM, AMSTERDAM J. H. DE BUSSY Ltd.
SPALDING'S OFFICIAL ATHLETIC ALMANAC FOR 1905, SPECIAL OLYMPIC NUMBER Containing the Official Report of the Olympic Games of 1904, THE AMERICAN PUBLISHING COMPANY
THE FIFTH OLYMPIAD, THE OFFICIAL REPORT OF THE OLYMPIC GAMES OF STOCKHOLM 1912, THE SWEDISH OLYMPIC COMMITTEE
The Fourth Olympiad, BEING THE OFFICIAL REPORT The Olympic Games of 1908 CELEBRATED IN LONDON, THE BRITISH OLYMPIC COUNCIL, THE BRITISH OLYMPIC ASSOCIATION
The Games of the Xth OLYMPIAD Los Angeles 1932 Official Report, THE XTH OLYMPIADE COMMITTEE OF THE GAMES OF LOS ANGELS
THE NINTH OLYMPIAD, BEING THE OFFICIAL REPORT OF THE OLYMPIC GAMES OF 1928 CELEBRATED AT AMSTERDAM, NETHERLANDS OLYMPIC COMMITTEE
THE OFFICIAL REPORT OF THE ORGANISING COMMITTEE FOR THE GAME OF THE XVI OLYMPIAD MELBOURNE 1956,
THE OFFICIAL REPORT OF THE ORGANISING COMMITTEE FOR THE GAMES OF THE XV OLYMPIAD HELSINKI 1952
THE OFFICIAL REPORT OF THE ORGANISING COMMITTEE FOR THE XIV OLYMPIAD, THE ORGANISING COMMITTEE FOR THE XIV OLYMPIAD
THE OLYMPIC GAMES 1904, CHARLES J. P. LUCAS.ST. LOUIS, MO. Woodward & Tiernan Printing Co.
THE OLYMPIC GAMES B.C.776. - A.D.1896. Published with the sanction and under the patronage of the Central Committee in Athens, presided over by HIS ROYAL HIGHNESS THE CROWN PRINCE CONSTANTINE
第18回オリンピック競技大会公式報告書（1966）オリンピック東京大会組織委員会
第11回オリンピック冬季大会公式報告書（1972）札幌オリンピック冬季大会組織委員会
第18回オリンピック冬季競技大会公式報告書（1999）長野オリンピック冬季競技大会組織委員会

舛本 直文（ますもと・なおふみ）
首都大学東京特任教授

1950年広島県生まれ。広島大学卒。東京教育大学大学院修了。筑波大学を経て東京都立大学助教授、首都大学東京教授を歴任、現在は同大学特任教授。NPO法人日本オリンピック・アカデミー会員（副会長・オリンピック研究委員会委員長）。専門はオリンピック研究。オリンピックの現地視察は2000年シドニー大会より。ギリシャのオリンピアには7回、スイスのローザンヌには4回訪問し、2010年から始まったユースオリンピックはすべて視察している。自称「オリンピズムの伝道師」。

構成：大野益弘、美甘玲美
編集：株式会社ジャニス
装幀：千葉俊幸（有限会社ガナス）
本文デザイン：Chadal 108
写真：フォート・キシモト
イラスト：Chadal 108

culture

決定版《けっていばん》　これがオリンピックだ
オリンピズムがわかる100の真実《しんじつ》

2018年10月10日　第1刷発行

著　者：舛本直文《ますもとなおふみ》

発行者：渡瀬 昌彦
発行所：株式会社講談社
〒112-8001　東京都文京区音羽2－12－21
電話　編集　03-5395-4021
販売　03-5395-3625
業務　03-5395-3615

印刷所：慶昌堂印刷株式会社
製本所：株式会社国宝社

ISBN978-4-06-512748-3
N.D.C.780.69　184p 21cm